LE CITOYEN

FRANÇOIS.

LE
CITOYEN
FRANÇOIS

OU

MÉMOIRES

HISTORIQUES, POLITIQUES, PHYSIQUES, &c.

par Philippe Le Gras

Quid verum atque decens, curo & rogo, & omnis in hoc sum.
HOR. Epit. I.

À LONDRES.

M. DCC. LXXXV.

AVERTISSEMENT.

Je ne fais point demander à un homme la permiſſion de le louer publiquement. Si j'avois à dédier cet ouvrage à quelqu'un , & qu'il ne fallut pas en folliciter la faveur, (*a*) ce feroit à M. Lenoir , confeiller d'état , lieutenant-général de la police de Paris , que j'en offrirois l'hommage , & je lui dirois :

Monsieur,

" En vous préfentant cet ouvrage , c'eſt vous offrir un juſte tribut. Tout ce qui traite du bien public , vous appartient à toutes fortes de titres. Succeſſeur d'un homme doué d'un rare mérite , à qui la nation entiere doit peut-être plus qu'elle ne le penfe ; vous avez trouvé , monfieur , cette machine admirable , merveil-leufe , étonnante , prefque incompréhenfible , & qu'on ne peut mieux comparer qu'à ce chef-d'œuvre de l'art , où le tems eſt retenu dans fa courfe rapide par de légeres chaînes ; vous

---

(*a*) Un réglement défend aux libraires d'imprimer des épîtres dédicatoires , fans avoir par écrit, l'agrément des per-fonnes à qui elles font adreſſées.

avez, dis-je, trouvé la police ingénieufement établie. M. de Sartine a poli, adouci, fini les refforts imperceptibles, les mouvemens fubti's de ce grand méchanifme.

Après avoir répandu la lumiere, l'ordre & la tranquillité dans le fein du royaume ; il les a propagés au-dehors ; il a invinciblement armé le bras de la France, enrichi fes ports, augmenté fes forces, encouragé fes défenfeurs, déconcerté fes ennemis, & préparé l'heureufe paix dont nous jouiffons.

Vous fuivez, monfieur, la même carriere ; la deftinée vous a appellé fur fes traces ; le Châtelet, ce premier tribunal du royaume, de tout tems fi diftingué, & par fes juges & par fes jugemens, juftement glorieux d'avoir formé tant de grands hommes, & de compter parmi eux le législateur de la France, l'immortel d'Agueffeau ; le Châtelet fut, pour ainfi dire, le berceau où M. de Sartine & vous, fûtes nourris des principes de la législation.

L'amitié, cette vertu attractive des grandes ames unit bientôt votre ame à la fienne : vos cœurs n'eurent befoin de fe chercher qu'un inftant pour fe trouver pour toujours. Un même penchant, un même goût, un même zele, une même ardeur pour le bien public, furent les heureux aufpices, fous lefquels vous formâtes cette douce union.

Si la nature a mis en vous une affinité d'efprit, une reffemblance de caractere ; on peut
dire auffi que le fort s'eft plû à vous affimiler :
tous deux confeillers au Châtelet, tous deux
lieutenans criminels, tous deux lieutenans des
police, tous deux maîtres des requêtes ; tous
deux confeillers d'état ; l'un ayant ceffé d'être
le magiftrat de la police, mais rétabli glorieu-
fement dans cette augufte fonction ; l'autre
ayant quitté ce pofte important, pour un autre plus important· encore ; mais éprouvant,
hélas ! le revers prefque toujours attaché aux
grandes places & aux grands hommes, & qui,
peut-être un jour. . . . . ; mais il ne m'appartient pas d'approfondir les myfteres de la
politique.

M. de Sartine, appellé au miniftere par le
fouverain & par la voix publique, femble,
monfieur, vous avoir remis au nom du roi le
timon de la police, comme un ami remet à un
ami, un dépôt cher qu'il a toujours précieufe-
ment confervé. Ah ! dans quelles mains plus
dignes pouvoit-il être placé ; que dis-je ! il ne
paroît pas en avoir changé : oui, ce font toujours les mêmes mains qui femblent tenir les
rênes de l'adminiftration : le même aftre éclaire
la police.

Et fi la renommée ne vous mettoit, monfieur, au - deffus de mes éloges ; je dirois ici que non - feulement vous avez fuivi les plans, la marche, l'ordre & l'économie de votre prédéceffeur, mais encore que vous avez ajouté à leur éclat : & s'ils ne dépofoient en votre faveur, je parlerois de tous ces monumens publics, élevés par vos foins, qui feront à jamais la gloire & le bonheur de la France ; enfin, je repréfenterois à vos ennemis, car, c'eft le fort de votre place d'en avoir ; je repréfenterois, dis je, ce fimple & fublime établiffement, où, à vos propres frais, vous avez fait éprouver & enfuite multiplier pour le peuple une nourriture premiere, faine & économique ; établiffement affez connu fous le nom d'école de boulangerie, & qu'il fuffit de nommer pour être pénétré pour vous de la plus pure reconnoiffance.

Mais, monfieur, l'eftime & la confiance dont vous honorent un prince & une princeffe adorés de leurs fujets, en difent plus que toutes les expreffions. C'eft être loué par la vertu même. „

Je fuis avec refpect,

M o n s i e u r,

Votre très - humble & très-
obéiffant ferviteur,

* * * * * *

LE

LE
CITOYEN FRANÇOIS

O U

MÉMOIRES

HISTORIQUES, POLITIQUES, PHYSIQUES, &c.

INTRODUCTION.

LES partifans de l'antiquité reprochent à notre ſiecle d'être celui des ſyſtêmes ; nos peres étoient plus ſages que nous, diſent - ils, il faut reſpecter leurs uſages. Vouloir les changer, c'eſt vouloir tout bouleverſer, c'eſt être ennemi de l'ordre public, c'eſt ne pas avoir le ſens commun.

On ſeroit tenté de répondre à quelques - uns de ces déclamateurs emportés ; *monſieur Joſſe vous êtes orfe-*
vre ; mais il leur faut des raiſons & non pas des épi-
grammes ; leurs réflexions un peu chagrinés peuvent ſé-
duire la multitude qui ne juge que ſur parole. L'obſer-
vateur éclairé ne ſe trompe pas ſur les motifs de leurs
plaintes, il ſait que ces politiques accoutumés à regarder

A

leur bien particulier comme le bien général , ne parleroient pas tant des dangers de la réforme , s'ils ne pro-
fitoient pas des avantages des abus ; quand il examine
de nouveaux plans d'adminiſtration , il compte pour
rien tous les petits intéréts de l'avarice qui calcule toujours , & les vues étroites de la timidité qui reſpecte
ſervilement les anciens uſages ; mais il en ſaiſit les détails ,
en conſidere les réſultats & voit les rapports qu'ils peuvent avoir avec l'utilité publique.

Les loix qui ne regardent que la police d'un état &
qui ne tiennent point à ſa conſtitution , ne ſont jamais
reſpectables , quand elles ſont vicieuſes ; ſi elles doivent
leur origine à la néceſſité des circonſtances , ou à quelques avantages qui ont pu d'abord réſulter de leur établiſſement , il faut les abroger quand ces tems de criſe
ſont paſſés , & qu'elles n'offrent plus que des abus dangereux.

Nous convenons que nos peres ſe ſont trompés ſouvent ; nous ſommes tous les jours victimes des erreurs
qu'ils nous ont tranſmiſes ; pourquoi chérir des mépriſes
ſi funeſtes , & ne pas profiter des découvertes de ceux
qui veulent nous rendre heureux ? Il ſemble que les
peuples dont l'origine ſe perd dans l'antiquité des tems
ſoient comme ces vieillards qui tiennent à leurs opinions
par habitude & par obſtination ; l'âge n'ajoute rien à
leur expérience , & loin de les rendre plus éclairés , il
ne fait que renforcer les préjugés qu'ils ont reçus dans

leur enfance ; foyons plus vrais & plus fages ; ne croyons pas que des fyftémes foient faux , parce que nos peres ne les ont pas adopté ; mais jugeons-en fur les avantages qu'ils pourront procurer à nos enfans.

Ceux qui déclament contre les idées neuves, contre les projets, croient les rendre odieux , en difant qu'ils font le fruit des fpéculations de quelques courtifans ambitieux ; ils font affez femblables à ces théologiens emportés qui fe vengent des farcafmes d'un bel efprit en l'appellant philofophe , & regardent un philofophe comme un homme qui ne croit pas en Dieu, & qui renverfe tous les fondemens de la morale ; ainfi l'efprit de parti , l'intérêt, la prévention dégradent les titres les plus refpectables, & fubftituent à des raifonnemens folides, des plaifanteries faftidieufes , ou des invectives groffieres.

Qu'un financier trouve les moyens d'augmenter le revenu du prince en établiffant un impôt, l'inventeur du projet pourra paroitre fufpect, s'il demande pour récompenfe la ferme ou la régie des nouveaux droits ; mais que gagne à fes fpéculations le citoyen qui préfere à fon repos & à fa fortune, l'avantage ftérile d'éclairer fon pays ? fon fyftême eft contredit, fes intentions font mal interprétées ; l'ignorance lui oppofe des ufages ; la prévention des préjugés , la pareffe , les difficultés de l'exécution, la cupidité des calculs ; s'il a le courage de braver tous ces obftacles, il mérite au moins que l'on apprécie ſes découvertes , & qu'on ne les juge pas ſans examen.

Je ſais que de ſages obſervateurs peuvent ſe tromper, les inſtitutions qui paroiſſent les plus parfaites ſont encore très - éloignées du bien ; il dépend des **tems** , des lieux, des circonſtances ; il varie avec les mœurs & les préjugés ; faut-il pour cela renoncer à inſtruire les hommes ? Non ſans doute , parce que dans l'ordre politique comme dans l'ordre phyſique , les erreurs préparent des vérités intéreſſantes , & quand ces erreurs ſont moins dangereuſes que celles qui les ont précédées , leurs auteurs ont encore des droits à notre reconnoiſſance.

Un ſage , à qui le ciel a donné le précieux talent de plaire & de perſuader , a jugé les ſciences avec un déſintéreſſement qui honore ſa franchiſe & ſon amour pour la vérité.

„ L'éloquence, dit-il , ne dût ſes premiers efforts qu'à l'ambition d'un fourbe qui eut intérèt de cacher la vérité , & ſes premiers ſuccès qu'à la foibleſſe d'un homme vicieux & lâche qui voulut la méconnoître ; les ſciences les plus ſublimes nâquirent de l'inquiétude & de l'inconſtance ; l'étude de l'Etre ſuprême & de ſon eſſence, d'une curioſité indiſcrete ; la politique, de la mauvaiſe foi ; tous les arts agréables, de l'oiſiveté. De cette boëte fatale ſortirent nos préjugés, nos erreurs & nos maux , & s'il s'en échappa quelques vérités , elles n'ont ſervi qu'à nous rendre malheureux.

Ces réflexions qui n'ont peut-être été regardées comme des paradoxes, que parce qu'elles attaquoient l'amour-propre, font le réfultat des obfervations profondes faites fur les principes & les fuites de nos connoiffances ; mais il eft dangereux de dire aux hommes des vérités humiliantes, & le philofophe dùt à la tolérance de fon fiecle de n'avoir que des contradicteurs. „

Il affure cependant „ que fi les fciences ont contribué à corrompre nos mœurs, il ne faut pas rappeller les hommes à leur premiere ignorance, parce qu'ayant renoncé à leur fimplicité native, ils auroient les mêmes befoins qu'ils ont à préfent, avec moins de reffources pour les fatisfaire ; les mêmes erreurs qui les féduifent, avec moins de fecours pour être éclairés. „

Il eft certain que le plan de notre éducation & le fyftême focial établiffent un rapport immédiat entre nos mœurs & nos connoiffances, depuis que nous avons fubftitué à la vertu folitaire de l'homme naturel, la pratique des devoirs relatifs à notre liberté originelle, des loix qui nous obligent aux premiers principes, des vertus fecondaires ; l'étude de la morale, la connoiffance de la politique, les découvertes du génie, font devenues utiles, & fouvent néceffaires.

Elles ne le font pas également pour tous les hommes : fi la fociété n'étoit compofée que de philofophes & de littérateurs, qui auroit le courage de renoncer aux méditations tranquilles des fciences, & au plaifir flatteur de communiquer fes découvertes pour fe livrer au travail pénible d'un artifan , & à la fimplicité uniforme de fes fpéculations ?

Ces réflexions fuivies qui font le fruit de la contention d'efprit, rallentiroient l'activité du peuple , fi utile à l'économie fociale : heureux dans fon ignorance, il n'eft pas tenté de mefurer l'intervalle qui le fépare d'avec ceux qui le gouvernent , & s'il les voit occupés de fon bonheur , il fe confole de fa dépendance.

Mais comme les moyens de le rendre heureux exigent des connoiffances ; l'examen de ces connoiffances eft une obligation que s'impofent tous ceux qui fe chargent d'une partie de l'adminiftration publique. C'eft ainfi qu'ils peuvent faire concourir les fciences au bien général. L'etude n'eft point pour eux le réfultat d'un choix libre , infpiré par le génie & dirigé par l'amour de la gloire ; mais un devoir effentiel dont le goût & l'infuffifance ne peuvent difpenfer.

C'eft dans la magiftrature , fur tout , que l'on contracte avec la fociété ces engagemens féveres. Le magiftrat occupe un des premiers rangs de la fociété , & comme la dignité de fon état lui donne des droits à la vénération du peuple , il doit l'honorer par fes lumieres. Créateur des loix , il doit connoître les relations d'homme à homme ; d'homme à la fociété ; de la fociété à lui-même. Exécuteur des loix , il doit connoître leur application , les exceptions particulieres ; combien elles doivent être rares ; comment elles doivent céder au tems, aux mœurs ; comment elles influent fur les préjugés ; comment il faut les rapprocher de leur inftitution native, quand les révolutions des tems les ont éloignées.

Un magiftrat eft obligé de favoir les loix générales qui tiennent au droit public des gens ; pour le droit public des gens, il faut qu'il connoiffe la politique, qu'il concilie cette politique avec l'intérêt & la juftice, & au droit conventionnel ; il faut, pour qu'il connoiffe le droit conventionnel, qu'il ait une idée nette de l'hiftoire & des traités faits, foit à raifon des alliances, foit à raifon des conventions.

Il eft auffi obligé de favoir les loix particulieres, le droit & les coutumes. Dans le droit romain, il doit diftinguer les exceptions qui naiffent de nos mœurs, les exemples de ces exceptions, les coutumes, leur bizarrerie, leur origine ; les unes adoptées par un peuple qui eft entré dans le corps de la monarchie, & a voulu conferver fes loix ; les autres données aux peuples conquis pour affurer leur dépendance ; enfin, il doit connoître la différence de ces coutumes & leur force réciproque.

Pour la connoiffance du droit confidéré relativement à fon rapport avec la littérature, il faut qu'il étudie le droit eccléfiaftique, les ufurpations de la cour de Rome, les progrès de ces ufurpations, leurs caufes dans les croifades, la défunion des princes, la divifion des corps des royaumes, les vices de l'adminiftration, la propriété du clergé , les moyens de la rendre utile à la société , les bornes que la prudence doit oppofer à fon avidité.

Il eft neceffaire que le magiftrat fache refpecter fon état ; mais fon refpect pour fon état doit être fondé d'abord fur celui que tout homme doit avoir pour lui-même : or , il acquerra cette eftime de lui - même en donnant fes loifirs à la littérature ; les fciences lui apprennent à préférer l'eftime des hommes aux honneurs qui ne font le plus fouvent que le fruit de l'intrigue ; elles le garantiffent de l'avarice en fubftituant aux petites paffions qui ont la cupidité pour germe, l'amour de la gloire ; elles lui font goûter le plaifir pur que l'amour du bien , réduit en pratique, fait fentir à toute ame honnête : ainfi fut Pithou, ce même homme qui défendoit les droits du trône contre l'ambition ultramontaine , fe délaffoit en enrichiffant la littérature ; le public lui doit les ouvrages de jurifprudence qui ont éclairé les magiftrats fur les ufurpations de la cour de Rome ; les lettres lui doivent l'édition de Phedre : ainfi fut Montefquieu, politique profond , hiftorien éclairé , littérateur agréable ; il a travaillé pour tous les âges & pour tous les hommes ; fes travaux littéraires inftruiront tous les peuples ; fes loifirs ferviront à délaffer les hommes de goût : ainfi fut le fage d'Agueffeau, créateur pour ainfi dire des loix criminelles ; ainfi avoient été dans la Grece Demofthenes , le plus éloquent des hommes, & chez les Latins, Cicéron.

C'eft cette idée vraie que j'ai toujours eu de mon état,

ç'eſt cette connoiſſance inſtructive de mes devoirs qui m'a porté à l'étude des ſciences & des lettres, qui m'a fait rechercher des inſtructions dans mes voyages, dans les plus habiles écrivains, dans le commerce de la ſociété, & qui m'encourage à donner aujourd'hui au public ce foible réſidu de mes obſervations & de mes loiſirs. On y verra que j'ai tâché de me conformer le plus ſouvent à la maxime d'Horace : *Si vous voulez donner des préceptes, ſoyez court.* J'y ai ſacrifié la parure impoſante de la diction à la valeur & au ſens des expreſſions techniques ; enfin j'ai employé un ſtyle naïf & ſimple, afin d'être entendu de tous les lecteurs. Que cet ouvrage ſoit utile à mes concitoyens ; c'eſt tout mon but & l'objet de mes vœux.

Des Poſtes, Diligences & Meſſageries.

La politique des rois de Perſe qui vouloient être informés de ce qui ſe paſſoit dans tout l'empire, leur fit imaginer d'établir des poſtillons, afin d'envoyer des ordres plus prompts ſelon les conjonctures & les beſoins des villes éloignées. Les villes aſſiégées ſe font aſſez ſouvent ſervies d'oiſeaux ; & l'on dit d'un roi d'Egypte, qu'il avoit une Corneille ſi bien inſtruite qu'elle portoit ſes lettres où il lui commandoit. Juſte Lipſe & M. Bochart citent un grand nombre d'exemples de pigeons qui étoient les meſſagers ordinaires de ceux qui les avoient apprivoiſés. Diodore de Sicile rapporte que dans la Perſe outre l'uſage des flambeaux qui ne pouvoient ſervir que de ſignal , le pays étant preſque par-tout interrompu par des vallées & des côteaux ; l'on plaçoit ſur ces éminences, & d'eſpace en eſpace , de petites tours un peu élevées ſur leſquelles on mettoit en faction des hommes pourvus d'une voix extrêmement forte & ſonore , qui tranſportant les nouvelles de l'un à l'autre , les faiſoient parvenir dans l'eſpace de vingt-quatre heures à la diſtance de trente journées , cela s'appelloit la poſte au cri ; mais comme elle ne pouvoit ſervir qu'aux nouvelles générales , Cyrus ou Xercès , ſelon Hérodote , établit des couriers & des chevaux de lieu en lieu , & fut le premier inſtituteur d'une commodité ſi avantageuſe.

Jules Céſar fait mention de l'établiſſement d'une poſte au cri chez les Gaulois.

L'uſage des meſſagers paſſa des Perſes aux Grecs ; ces derniers les nommoient Hémérodromes : ſuivant le rapport de Suidas, on choiſiſſoit à cet effet des jeunes gens leſtes & bons marcheurs. Alexandre le Grand avoit d'excellens coureurs ; entr'autres, un certain Ladar dont on n'apperçevoit pas les pas ſur le ſable ; un autre , nommé Philonis, fit en 9 heures, douze cents ſtades de Sicyon à Elis. Cornelius Nepos, dit, du fameux Hémérodrome Philippides, qu'il courut en 24 heures, d'Athenes à Lacédémone pour y porter la nouvelle de l'approche des

Perfes, ce qui faifoit une diftance de 1240 ftades, ou 150 milles romains. Un autre, qui porta à Athenes la nouvelle de la défaite des Perfes, avoit couru avec tant de viteffe, qui ne put dire que ces mots, *nous avons gagné la bataille*, & tomba mort.

Les Romains avoient auffi des coureurs publics. Augufte établit enfuite des chevaux & des chariots pour faciliter les expéditions & pour la commodité de ceux qui voyageoient pour les affaires de la cour ; mais à la décadence de l'empire romain, cet établiffement déclina : il n'a repris un peu de vigueur qu'au huitieme fiecle, où les Vifconti publierent à cet effet plufieurs réglemens utiles. Néanmoins la pofte en Italie n'a été véritablement mife fur le pied où elle eft actuellement qu'à peu près vers l'an 1579.

Charlemagne établit en France trois poftes fur les principales routes : favoir, la route d'Italie, celle d'Allemagne & celle d'Efpagne : fi l'on en croit quelques auteurs, ce fut en 807, mais à fa mort les divifions de l'état les firent ceffer.

Louis XI, d'après les plans de l'Univerfité, remit en vigueur cet établiffement & l'étendit. Il ordonna le changement des chevaux de deux en deux lieues pour une plus grande promptitude ; au lieu que les Perfes n'en plaçoient qu'au bout de l'efpace de chemin qu'un cheval pouvoit faire par jour, & que Charlemagne, comme on vient de le voir, n'avoit établi que trois poftes fur trois différentes routes.

Depuis Louis XI jufqu'à préfent tous les rois fe font occupés de l'entretien des poftes , & il exifte à ce fujet une foule d'ordonnances relatives aux circonftances & à l'intérêt public.

Sous Louis dont le regne fait aujourd'hui le bonheur de la France , les voyageurs ont trouvé de grands avantages dans l'établiffement des diligences en poftes formé par M. Turgot.

Cet établiffement n'exifte déja plus , parce que le mal , hélas ! fe trouve prefque toujours à côté du bien : on n'a jamais eu une idée plus heureufe que de faire fervir les diligences par la pofte , à l'exemple de l'Angleterre : auffi cette idée a-t-elle eu le plus grand fuccès. Le public fut content & les maîtres de pofte fatisfaits. Tout réuffit dans le commencement ; les voitures roulerent à merveille ; les chevaux fembloient avoir des ailes : on ne parloit que de la commodité , de l'ordre & de la célérité des turgotines , nom qu'on avoit donné à ces voitures par un enthoufiafme de reconnoiffance pour leur auteur.

Peu - à - peu tout a changé , monfieur Turgot n'a pas été plutôt mort miniftériellement , que les refforts de cette grande machine fe font rallentis , & peut-être que fans le zele de M. Neker ils auroient été diffouts. Ce auteur des turgotines ayant à fon tour quitté ces orphelines , car ainfi on les appelloit alors ; elles ont été prefque entiérement abandonnées. Des fermiers incapables , & peut-être trop avides les ont furchargées , écrafées ;

Ils les ont prodigieufement groffies, appéfanties au point de les transformer en magafins ambulans. Les chevaux de pofte tous d'un affez mauvais acabit en France, fe font éreintés à émouvoir & traîner ces maffes. Les maîtres de pofte furieux de voir ainfi leurs chevaux abîmés, ont confpiré la ruine des turgotines ; dès ce moment, ils ne les ont plus vues abordées qu'avec les plus groffieres imprécations ; ils ne les ont plus attelées que du rebut de leurs écuries ; enfin, & je l'ai entendu dire à certains d'entr'eux, ils prenoient à tâche de les mal fervir pour faire tomber l'entreprife ; auffi en font-ils venus à bout, & les diligences font à préfent une efpece de martyrologe.

Le public a fait une perte réelle & effentielle dans la fuppreffion des turgotines ; mais cette perte heureufement n'eft pas irréparable, & c'eft pour la réparer que je propofe ce plan, où je prouverai premiérement que les voitures publiques peuvent être conduites en pofte. Secondement, que pour trois louis d'or, une fois payé par an, chaque individu pourra voyager & parcourir au moyen de cette modique fomme, tous les pays de la France qu'il jugera à propos ; troifiemement, enfin que l'état, le public, les maîtres de pofte, tout le monde y gagnera. Je m'explique.

Deux chofes font néceffaires à l'établiffement des voitures publiques, relativement aux voyageurs ; la célérité & le bon marché. Quant à la célérité, peut-être, pourroit-elle être portée plus loin quelle ne l'eft, parce que

beaucoup de ſtations de poſte ſont mal montées en chevaux, que les inſpecteurs n'y ont pas aſſez l'œil (*a*) ;
mais cela eſt aſſez indifférent à mon ſujet. Je ne me propoſe que d'examiner le prix, ſavoir, en le répartiſſant
ſur un plus grand nombre d'individus de le diminuer
pour chaque individu privativement, ou bien en le per-
cevant en maſſe, de le diminuer également pour tout le
monde ; & loin par là, de l'affoiblir pour la caiſſe natio-
nale, de l'augmenter conſidérablement, & de procurer
à l'état le double avantage de voir les citoyens voyager
à très-peu de frais, & le commerce, vraie ſource de la
richeſſe des royaumes, porté au plus haut point de
vigueur & d'activité.

On compte ſuivant le calcul de M. Neker vingt-quatre
millions d'hommes en France. (*b*) On ſe perſuadera aiſément, & c'eſt une choſe certaine que ſur ces vingt-quatre
millions d'hommes, il y en a au moins deux cents cinquante mille qui voyagent chaque année par les diligences, meſſageries, coches, &c. leſquels dépenſent des
ſommes conſidérables pour être ainſi tranſportés, & dont

(*a*) Un inſpecteur arrive chez un maître de poſte, on lui fait
faire bonne chere, boire du bon vin ; il demande ſi les chevaux vont bien, ont dit qu'oui : on met les meilleurs ſur ſa
voiture, & il part bien content, comme ces médecins qui
diſent à leurs malades, vous vous portez bien, buvez de la
tiſanne, je repaſſerai demain.

(*b*) Voyez l'ouvrage ſur la légiſlation & le commerce des
grains. Chap. VIII. p. 39.

cependant le tréfor royal ne reçoit que onze cents mille livres pendant fix ans, par les mains des fermiers. Or, fi je démontre qu'en exigeant proportionnellement de bien moindres fommes des voyageurs, que le fervice fe fera très-bien, que le commerce gagnera, & que l'état retirera bien au-delà de ces onze cents mille livres, fans contredit, le plan que je propofe paroitra préférable à à celui qu'on fuit actuellement. Eh bien ! en voici la démonftration.

Que l'on propofe un abonnement de 72 liv. par année par perfonne, & fes malles, paquets, effets, &c. pour voyager dans les voitures publiques par tout le royáume ; c'eft-à-dire, par-tout où vont à préfent ces voitures ; nous avons déja dit, qu'il y avoit deux cents cinquante mille voyageurs en France, certainement, le modique prix de 72 liv. pour jouir toute l'année de la faculté de voyager, attirera au moins le double de voyageurs.

On pourroit donc compter fur cinq cents mille voya-geurs ; eh bien ! ces cinq cents mille hommes payant chacun 72 liv., fourniroient un produit net de trente-fix millions. Voyons maintenant la dépenfe.

Il y a environ trois cents, tant diligences que guim-bardes, fourgons, coches, &c. Je les double : cela fait fix cents voitures.

Il faut près de quatre mille chevaux pour le fervice, & douze cents poftillons.

De tout cela, je fais l'affaire unique des maîtres de pofte.

Il y a quatorze cents douze maîtres de poſte en France, & comme les voitures publiques ne paſſent pas
devant toutes les ſtations des maîtres de poſte, je les
fixe au nombre de treize cents, ce qui eſt certainement
encore beaucoup; mais je porte, tout au plus haut, pour
éviter les objections. Je donne vingt mille livres par an
à chaque maître de poſte, l'un portant l'autre, avec les
privileges ordinaires, brevets, &c. au moyen de cela,
je les charge de fournir voitures, maiſons, remiſes,
chevaux, écuries, valets & poſtillons : cela fait au total
une dépenſe de trente millions.

Les maîtres de poſte des villes où l'on prend les voitures, fourniront les voitures; auſſi l'état leur donnera
une ſomme plus forte qu'à ceux qui ne fourniront que
les chevaux; voilà auſſi pourquoi, pour éviter de ſe jeter
dans des calculs à perte de vue, je diſtribue entr'eux
tous vingt mille livres l'un dans l'autre; mais on ſent
aſſez que ces vingt mille livres doivent être répartis proportionnellement, qu'il y aura des maîtres de poſte qui
n'auront pas la moitié de cette ſomme, & que d'autres
auront bien davantage, comme celui de Paris, celui de
Lyon, &c.

Il y a des poſtes où, & je le prouverois aiſément, le
produit des turgotines ne montoit pas par an à quatre
mille livres, ainſi il ne s'agit que de ſaiſir à leur égard les
proportions, choſe qui, comme on le verra par la ſuite,
ſera facile à faire.

De

De la patience & de l'attention , & tout ce plan s'éclaircira infenfiblement.

Dans chaque ville où il y a un bureau pour les voitures publiques, chaque maître de pofte en aura la direction : il aura moins d'embarras que les directeurs actuels , puifqu'il aura très - peu d'argent à recevoir , & aucun à porter en recette , qu'il n'y aura fimplement que les noms des voyageurs à infcrire pour fixer les places & les vérifier en cas de befoin , & infcrire auffi les effets , malles , &c. le tout ainfi qu'on le verra plus amplement par la fuite.

Il refte fix millions fur la recette puifque nous venons de faire l'état de dépenfe des trente autres millions.

Mais auffi il nous refte la partie des coches d'eau. Je les laiffe à la charge du gouvernement , il les fera régir à fon compte , ou les affermera au rabais. Cet objet peut coûter au plus, tant pour la haute que baffe Seine , deux millions , ce qui fait au total trente - deux millions de dépenfe fur trente-fix de recette. Le roi aura donc quatre millions de produit , au lieu de onze cents mille livres ; par.conféquent , deux millions neuf cents mille livres de bénéfice pour une année feule , & pendant fix ans , quatre millions , où il ne reçoit rien , puifque les onze cents mille livres que les fermiers lui ont donnés , font le prix d'un bail de fix ans. Enfin , il en tireroit continuellement un lucre bien fupérieur à celui qu'il en retire préfentement , fans parler du produit des intérêts des trente-fix millions qu'il recevroit comptant à une époque fixe , du produit des effets excédans deux cents livres pesant pour les abonnés , fur - tout par les coches d'eau & de celui des effets des perfonnes qui ne feront pas abonnées.

A l'égard du produit des effets dont le poids excédera cent livres par perfonnes abonnés dans les diligences ou fourgons, il fera fi petit qu'on pourra l'abandonner aux maîtres de pofte propriétaires des voitures où ils feront chargés.

A l'égard du produit de ces effets par les coches d'eau , les régiffeurs ou les fermiers de ces coches le recevront , & ce fera d'autant à rabattre fur la dépenfe de cette partie, ou fi l'on ne trouve pas les deux millions que j'y ai affignés fuffifans, on pourra y réunir ce fupplément.

Suppofons maintenant que d'après ce nouvel ordre de chofes, le roi ne fit aucun bénéfice, ne retirât pas même les onze cents mille livres qu'on lui a remis pour le bail, ce qui fait un petit objet , & qu'on fait qu'il facrifieroit volontiers pour le bien de l'établiffement. Compte-t-on pour peu l'avantage qui réfultera pour lui, pour fon peuple, relativement au commerce d'un tel établiffement. Mais ne précipitons pas les opinions, fuivons l'ordre que doit avoir ce plan. Commençons par expofer les conditions de l'abonnement ; nous pafferons enfuite aux objections & aux réfutations.

Conditions de l'abonnement.

1°. Chaque particulier paiera dans le tems fixé à cet effet 72 liv.

2°. Les caiſſes d'abonnement s'ouvriront depuis le premier jour de   juſqu'au dernier jour de

3°. Les perſonnes qui ne feront pas abonnées paieront le double du tarif actuel tant pour les places que pour le poids des effets, & la moitié de ce prix double tournera au profit des maîtres de poſte qui l'auront reçu.

4°. Les directeurs qui feront chargés dans différentes villes de recevoir les ſoufcriptions, donneront *gratis* une quittance revêtue de leur ſignature timbrée aux armes du roi.

5°. Les particuliers abonnés repréſenteront cette quittance à chaque directeur des bureaux où ils ſe préſenteront pour prendre place ou pour faire placer des effets. Cette quittance contiendra les noms, ſurnoms, âges, qualités & demeure de ces particuliers ; toutes les fois qu'ils changeront de qualités ou de demeure, ils en préviendront le directeur du bureau qui aura reçu leur ſoufcription, & s'ils ne l'en préviennent, ils feront déchus de leur abonnement. De plus, ils repréſenteront avec leurs quittances, leur extrait baptiſtaire, ou s'ils font étrangers, leurs paſſeports, &c.

6°. Ceux qui ſe ſerviroient de la quittance & de l'extrait baptiſtaire, paſſeport, &c. d'un abonné, ou qui

en fabriqueroient de faux , feroient punis comme fauſ-
faires , & l'abonné qui les auroit prêtés , condamné en
la même peine & privé de l'abonnement.

7°. La connoiſſance de ces délits fera reſervé aux
juges ordinaires.

8°. Celui qui dénonceroit un fauſſaire auroit la
moitié de l'amende , & l'abonnement d'une année
gratis.

9°. Les effets des abonnés ne feront placés *gratis*
dans les diligences , fourgons ou coches d'eau , que lorſque leſdits abonnés voyageront , & ils ne pourront faire
placer que juſqu'à la concurrence de cinquante livres
peſant , le ſurplus paiera comme à l'ordinaire. Ceux qui
ne feront pas abonnés paieront, le double du tarif actuel,
le poids des effets juſqu'à ladite concurrence de cinquante livres , & le ſurplus auſſi comme à l'ordinaire.

10°. Le nombre actuel des diligences fera doublé.
Les abonnés partiront à leur tour , & ſuivant l'ordre des
places qu'ils auront retenues , & ils auront toujours la
préférence pour les places avant les non-abonnés.

11°. On ne pourra avoir de places dans les voitures
de Paris , qu'autant qu'on ira à dix lieues au-delà de
de cette ville.

12°. Défenſe aux poſtillons de demander des pour
boire.

13°. Les maîtres de poſte auront toujours le même
nombre de chevaux pour les perſonnes qui voudront

courir la poſte dans leurs propres voitures ou à franc-étrier , & ſuivront à cet. égard l'uſage ordinaire.

Conditions préliminaires relatives aux maitres de poſte.

1. A compter du premier du mois de   juſqu'au dernier du mois de   chaque maitre de poſte ſera tenu d'envoyer au ſieur   ſon état de dépenſe & de produit relatif aux diligences , en l'année 1782.

2. Il en ſera fait examen , & d'après cet examen & toutes les conſidérations particulieres , il ſera offert à chaque maitre de poſte une ſomme proportionnée à la dépenſe & au gain que l'on jugera qu'il aura à faire pour le ſervice des diligences.

3. Ceux des maitres de poſte qui ne feront pas contens du paiement que le gouvernement pourra leur offrir , remettront leur brevet , & leur poſte ſera adjugée au rabais.

4. Leurs appointemens feront payés au tréſor-royal de ſix mois en ſix mois , & pour leur donner plus de facilité , les ſix premiers mois de la premiere année leur feront payés d'avance , en donnant par eux bonne & ſuffiſante caution.

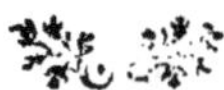

OBJECTIONS ET RÉPONSES.

I. Objection.

En exigeant 72 liv. d'abonnement & en impofant la condition que ceux qui ne feront pas abonnés paieront le double du prix des places, c'eft établir une fervitude, mettre un impôt fur le public.

Réponfe.

On doit s'attendre à cette objection ; car il y a toujours des cenfeurs, ou plutôt des boudeurs contre les opérations publiques. Il faut leur répondre par le grand principe que le bien général l'emporte fur le bien particulier, qu'il eft certain que le public gagnera à cet établiffement - ci, que pour le déterminer, il faut lui faire voir fon avantage, lui affurer, pour ainfi dire, fon bonheur pour le forcer d'être heureux. Au refte, on ne peut regarder cette condition comme une fervitude, un impôt, puifqu'on ne cherche point ici à enrichir le prince aux dépens de fon peuple, qu'au contraire on ne cherche que le foulagement & le bien public, qu'on enleve à perfonne la faculté qu'il a de voyager toujours dans fa propre voiture ; & enfin doit-on compter pour rien la facilité & la rapidité avec lefquelles le commerce circulera dans tout le royaume, & ira recevoir de l'étranger un prompt échange de fes productions ?

II. OBJECTION.

Il est difficile de croire que cet établissement donne le double de voyageurs , c'est-à-dire , cinq cents mille personnes.

Réponse.

En procurant à chaque citoyen la faculté de voyager à si bon compte par-tout le royaume , on aura une foule de soufcripteurs , parce que fans contredit une multitude de perfonnes qui voyagent par néceffité s'emprefferont de profiter de cet avantage. Un autre par plaifir ou par caprice , vu la modicité du prix , voudra voyager. Bien des gens dans l'incertitude d'y être obligés par des affaires imprévues ; les artifans, les ouvriers qui parcourent à la fueur de leur corps différens pays ; les militaires qui font toujours en mouvement ; les prêtres & les moines dont le féjour n'eft pas ftable ; les employés des fermes qui font fouvent déplacés ; les particuliers même qui courent la pofte à grand frais dans leurs voitures ; les étrangers , prefque tout le monde enfin voudra foufcrire , & les perfonnes extrêmement riches ou titrées feront fans doute les feules qui ne s'abonneront pas , encore foufcriront-elles pour leurs gens d'affaires, & toute leur fuite. Il y a plus , quand , comme je le prétends , le nombre des voyageurs ne doubleroient pas , qu'arriveroit-il ? qu'on recevroit moins , & qu'on dépenferoit moins ; & quand on n'auroit que le nombre actuel de deux cents cinquante mille perſonnes , le gouvernement au lieu de quatre-ſix millions de recette , n'en auroit que dix-huit , au lieu de doubler les diligences & les chevaux , on laiſſeroit leur nombre tel qu'il eſt ; par-conſéquent la dépenſe au lieu d'être de trente-deux millions, ne ſeroit que de quinze millions : ainſi ou moitié de recette & moitié de dépenſe , ou les trois-quarts de l'une & de l'autre , ou la totalité des deux , comme je l'ai établi inconteſtablement ; c'eſt-à-dire , trente-ſix millions de recette, non-compris les paiemens des non-abonnés , & trente-deux millions de dépenſe. Il n'y a pas de réplique à cette réponſe.

III. O B J E C T I O N.

Les mêmes perſonnes voudront trop ſouvent voyager , par exemple , un Lyonnois qui ne venoit que trois ou quatre fois par an à Paris , voudra y venir vingt fois.

Réponſe.

On ne doit pas s'imaginer que tous les abonnés auront la fureur de voyager ; car les gens ſenſés conſidéreront qu'il leur en coûtera cher pour le fréquent déplacement , pour les hébergemens , &c. cette dépenſe forcée mettra toujours un frein à l'ardeur qu'ils pourroient avoir de voyager très-ſouvent. Au ſurplus , ils voyageront tant qu'il leur plaira & tant qu'ils trouveront

places dans les voitures publiques ; peu importe, ce fera
à ceux qui feront preffés de partir à prendre leurs précautions pour affurer les premiers leurs places. Si on
a le double de voyageurs, alors les voitures feront augmentées du double, & ils auront une égale facilité à
celle préfente. Si l'on n'a que le même nombre, alors
il n'y aura pas plus d'embarras qu'à préfent.

IV. ET DERNIERE OBJECTION.

Il en coûtera des fommes énormes aux maitres de
pofte pour fonder cet établiffement, augmenter le
nombre des voitures, des chevaux & tout ce qui en
dépend.

Réponfe.

On ne leur donnera pas de forts appointemens pour
rien, & certainement dans le gâteau de trente-fix millions, ils feront dans le cas d'avoir tous une bonne part.
D'ailleurs ils pourront reprendre les voitures actuelles
qui leurs coûteront beaucoup moins qu'elles n'ont coûté
d'abord avec les harnois, &c. s'ils n'en veulent point,
ils en feront faire : voilà auffi pourquoi j'ai dit qu'on
paieroit fix mois d'avance, en donnant caution, c'eft-
à-dire, auffi tôt la clôture des abonnemens. Ils feront
faire ces voitures comme ils voudront, plus légeres,
rondes ou quarrées ; ils fourniront auffi des chevaux
comme ils voudront ; leur mettront, s'ils jugent à
propos, des colliers comme cela fe pratique dans les

poftes d'Angleterre , pourvu que le fervice fe faffe bien , le refte fera leur affaire (*a*). Pour alléger les voitures , ils pourront avoir des fourgons ; en un mot , ils prendront des arrangemens entr'eux pour que leurs chevaux ne reviennent pas à vuide , ce qui fera un grand avantage ; car il eft prouvé que les chevaux de pofte en France , font autant de chemin à vuide qu'ils en font étant chargés ; j'obferverai de plus , qu'on doit convenir

---

(*a*) Des compagnies ainfi qu'en Angleterre pourront entreprendre les poftes de différentes routes. Dans l'Angleterre de dix-huit mille en dix-huit mille , c'eft-à-dire , de fix lieues en fix lieues , il y a des relais de quatre chevaux pour des berlines à fix , & le bagage qui tient dans un panier derriere , & fur le devant , dans une efpece de cofre , deffous le fiege du cocher. Les chevaux renforcés par des colliers , font quatre lieues par heure. Sur l'impériale de cette voiture , on reçoit quatre perfonnes qui paient moitié , & qui font à leur aife , au moyen de tringles de fer en forme de balcon qui regne dans les pourtours. Trois perfonnes fur le derriere , trois fur le devant & quelquefois deux fur le fiege du cocher , font quatorze perfonnes : il en coûte dix-fept fchelins pour faire vingt-cinq lieues , ce n'eft que la moitié à-peu-près du prix des poftes de France. Il y a en outre une diligence qui va également en pofte , mais à jour & heure fixe , & il en coûte vingt-un fchelings pour vingt-cinq lieues : elle eft attelée de deux chevaux , & ne contient que quatre perfonnes dedans & quatre fur l'impérial. Ce font différentes compagnies qui fe chargent des poftes , & qui ont de fix lieues en fix lieues un hôtelier qui fournit les chevaux & la nourriture des voyageurs. On ne connoît point de privileges ; les aubergiftes font intéreffés avec les compagnies. La concurrence y fait tout , c'eft celui qui cffre le meilleur marché qui a la préférence.

que la partie des voitures fera beaucoup mieux dans
leurs mains , ou celles de leurs compagnies , puisqu'ils
s'y connoiſſent , & que c'eſt leur métier , que dans celles
de régiſſeurs & de fermiers , qui ne font pas dans le cas
de s'y connoître , & qui ne peuvent qu'être dupes ; ce
qui eſt démontré la plupart du tems par l'expérience.

Concluſion.

Je crois avoir rempli la tâche que je me ſuis impoſé ;
j'ai cherché à démontrer un avantage ineſtimable pour
la nation , dans une nouvelle adminiſtration des diligences. Pour rendre ce plan plus ſimple , plus clair &
facile à ſaiſir , je l'ai dégagé de quelques petits détails ;
mais le bon ſens & les lumieres des lecteurs y ſupplée-
ront. Enfin , je penſe qu'en attendant , que ſur des
chars volans on dépêche les hommes dans la région des
cieux , on ne peut ſe ſervir de moyens plus commodes
& plus prompts pour les faire voyager humblement
ſur la terre & ſur l'eau.

*Des abus pernicieux qui regnent dans le commerce des
cires en France , & les moyens de réformer ces abus.*

Dans un tems où des hommes voués au bien public, où des miniſtres éclairés, où un roi plein de bonté
pour ſes ſujets , s'empreſſent de travailler au bonheur

de la nation , en ranimant par une fage adminiftration toutes les forces des finances & du commerce ; une des branches du commerce auffi effentielle que l'eft celle des cires, pourroit‑elle échapper à leurs regards vigi‑ lans ? Non , fans doute, & c'eft dans cette heureufe confiance que nous ofons préfenter nos réflexions à ce fujet. Premiérement nous ferons voir que les abus qui s'introduifent tous les jours dans le commerce des cires en entrainent la décadence , caufent le dépériffe‑ ment des infectes qui forment la cire , privent la France d'un bien précieux , & la forcent d'acheter à grand frais à l'étranger ce même bien qu'elle pourroit fi facilement fe procurer (a) ; en fecond lieu , nous tâcherons d'in‑ diquer les remedes convenables à ces abus & de dé‑ montrer qu'en donnant un encouragement falutaire à cette partie du commerce , elle fe ranimera prompte‑ ment , & que par‑là , la France s'enrichira en confer‑ vant tout l'argent qu'elle fait paffer dans des mains étrangeres.

(a) Nous tirons beaucoup de cire de Barbarie , de Smirne , de Conftantinople , & fur‑tout des pays du Nord , où les mou‑ ches à miel font très‑multipliées. On eftime la confommation qui fe fait en France de cire étrangere à plus d'un million de livres pefant.

PREMIER OBJET.

Des abus.

L'avarice cruelle des marchands de cire & de miel eſt cauſe de la deſtruction de la plupart des abeilles. En effet, il eſt reconnu que dans l'arriere ſaiſon, ces marchands vont dans toutes les campagnes acheter des ruches, & font auſſi-tôt mourir toutes les abeilles par le moyen d'une mêche ſoufrée qu'ils introduiſent toute allumée dans la ruche pour en retirer toute la cire & le miel que les mouches avoient amaſſé pour ſe ſubſtanter l'hiver, tandis que ces ruches produiroient dans le printems au moins le double; & qu'ainſi en continuant d'année en année, la multiplication de ces inſectes iroit à l'infini; mais l'avidité que ces propriétaires ont de recevoir ſur-le-champ le prix d'une ruche, leur fait renoncer à l'eſpoir d'en avoir un plus grand prix l'année ſuivante. Pour s'en convaincre & pour prouver la vérité de ce que nous avançons, il ſuffit de rapporter ce que dit à ce ſujet un auteur eſtimé.

Chomel dans ſon dictionnaire économique s'exprime ainſi : " on cherche envain à juſtifier les procédés malhabiles & cruels qui ne font que trop fréquemment employés contre les abeilles. Tantôt on dit qu'on ne fait périr que de vieilles mouches, de qui il n'y a plus à attendre d'eſſaims, & qui conſommeroient pendant l'hiver une grande partie du miel qu'elles ont amaſſé;

mais une ruche formant une fucceffion habituelle de vivans & de mourans, on ne peut jamais dire exactement que toutes les abeilles qui la compofent, foient incapables de fournir une nouvelle génération ; d'ailleurs, en convenant qu'elles confommeroient la plus grande partie de leur miel, ou même fa totalité fi l'on veut ; car après tout, elles ne l'ont amaffé que pour elles ; pourquoi ne pas fe contenter d'en retrancher une portion en différentes années & en différentes faifons de la même année, au lieu de vouloir tout enlever à la fois ? On fe porte à foi-même un préjudice notable en fe privant de ces utiles infectes. Auffi parle-t-on d'une loi de Tofcane, qui défend fous peine de punition, de faire ainfi mourir les abeilles. Il y a long-tems que le bien public fait hautement des plaintes fur un abus fi commun parmi nous. ,,

M. Valmont de Bomare, directeur du cabinet d'hiftoire naturelle de S. A. le prince de Condé, s'exprime ainfi dans fon dictionnaire : " les abeilles font une branche de l'économie ruftique, branche d'autant plus précieufe qu'elle eft à portée des gens les plus pauvres, & qu'elle ne demande ni labours, ni engrais, ni bétail ; c'eft dans ce genre qu'il eft exactement vrai qu'on recueille fans femer : on doit donc déraciner autant qu'on le peut, le préjugé des payfans fur cet objet ; favoir, qu'on gagne plus à faire périr les abeilles qu'à les conferver. Combien, ajoute-t-il ? combien entendent peu leurs intérêts ceux qui, pour recueillir le miel & la cire, font périr les mouches par la vapeur du soufre ! Cette coutume condamnable eft adoptée dans bien des pays ; elle devroit être défendue, comme on dit qu'elle l'eft en Tofcane, on fauveroit chaque année un grand nombre de ruches, & l'on parviendroit à les multiplier beaucoup dans le royaume, où il ne fauroit y en avoir trop. „

Tout confirme le fentiment de ces deux auteurs. L'expérience prouve qu'au lieu de faire mourir les abeilles dans l'arriere faifon pour avoir tout leur miel & leur cire, on peut les tirer de plufieurs façons, qu'à la fin de mars, on peut leur retrancher moitié de la cire & du miel en coupant en-dedans la moitié de la ruche depuis le bas jufqu'en haut, & que l'année fuivante on peut leur prendre la moitié qu'on a laiffé pour renouveller ; enfin, que cela n'empêche pas que la ruche ne donne un effaim nouveau en mai ou en juin fuivans.

Il eft encore d'autres manieres d'extraire le miel fans faire mourir les abeilles : plufieurs ouvrages fur fes infectes les démontrent affez ; ainfi nous pouvons nous difpenfer d'en parler.

Bien des gens livrés aux foins de l'agriculture & de l'économie rurale, fi livreroient encore avec plus d'ardeur & d'utilité, fi le gouvernement fecondoit tous leurs efforts. Il eft dans les campagnes quantité d'habitans

qui entretiendroient un grand nombre de ruches, fi la
fituation du pays qu'ils habitent étoit favorable pour
cela. S'il étoit environné de prairies émaillées de fleurs,
entrecoupées de petits ruiffeaux, de bois, de plaines
couvertes de farrazin, de fainfoin, de luzerne, &c. ou
fi ce pays étoit abondant en thin, rofiers à fleurs fimples, lavandes, jafmins, jonquilles, marjolaines, me-
liffes, mélilots, fauges, origans, ferpolet, romarin,
genêts & autres herbes odoriférantes & balfamiques, telles
qu'on en voit fur les côteaux du Rouffillon & la montagne de Clape auprès de Narbonne, & qui, à défaut de
ces avantages, les tranfporteroient dans d'autres pays
où ils les trouveroient, fi on leur permettoit gratuitement, s'ils y étoient particuliérement autorifes ; mais
faute de tout cela, ils n'élevent point d'abeilles, ils
font privés d'une aifance que des effaims leurs procu-
reroient (a). Delà, la France manque de cire & de

____

(a) Un évêque faifant la vifite de fon diocefe, alla demander à dîner à un curé, à portion congrue, & lui recommanda
d'épargner la dépenfe. Le curé promit, mais ne tint pas, car
il donna un repas fplandide à monfeigneur. Sa grandeur ne
put revenir de fa furprife, & fit des reproches au curé, lui
repréfentant qu'il étoit fou de tant fe conftituer en frais, que
fa portion congrue ne lui permettoit pas, & qu'il alloit la manger en un jour. --- Monfeigneur, que votre grandeur veuille bien
ne pas en être inquiete, tout ce qu'elle voit ne prend rien fur
le revenu de ma cure, que je donne tout entier aux pauvres.
--- Mais vous avez donc du bien de patrimoine ? --- Non, monfeigneur. --- C'eft inconcevable. Comment faites - vous donc ? ---
                                                          miel ;

miel, & elle est obligée de la payer très-cher à l'étranger ; tandis qu'elle pourroit en avoir assez pour sa consommation, & même en vendre à ses voisins. Delà des plaintes continuelles contre la cherté, & les mal-façons de la bougie ; delà il se fait une consommation beaucoup plus grande qu'elle ne devroit l'être de chandelle infecte, mal-saine, nuisible à la vue, & si nuisible que jamais on n'a tant fait usage de lorgnettes qu'à présent.

On a déja reconnu les abus funestes qu'avoit occasionnés la taille de deux sols au moins qu'on avoit mis sur chaque panier de mouches à miel : aussi tous ceux qui ont traité de l'économie rurale, ont généralement dit, que l'imposition connue sous le nom de taille, a fait

---

J'ai ici un petit couvent de jeunes pucelles qui ont soin de moi, & ne me laissent manquer de rien. ---- Quoi, vous avez un couvent ? Je n'en connois point en ce lieu. Tout cela est très-singulier & même suspect, monsieur le curé. ---- Monseigneur, vous voulez rire .--- Mais quoi ? je veux savoir cette énigme, voir ce couvent, absolument je veux le voir ? --- Après le dîner votre grandeur le verra, & elle en sera contente.

Effectivement, après le dîner le curé conduisit le prélat dans un vaste enclos couvert de paniers de mouches à miel, & lui dit, monseigneur, voilà le petit couvent qui nous a donné à dîner ; il me procure tous les ans 1800 liv. avec lesquels je vis & reçois bien les honnêtes gens qui me viennent voir. Qu'on juge de l'étonnement & de la satisfaction de l'évêque ! Quelques tems après, de retour dans son palais, plusieurs curés à portion congrue allerent lui faire la cour pour obtenir de meilleures cures : il leur cita l'exemple de ce curé, en s'écriant, ayez des mouches, ayez des mouches.

périr en France ces utiles infectes : on les a exécutés, vendus & soufrés hors de saison. Pour emporter les ruches en sûreté, les huissiers & sergens ont brûlés les mouches. Le gouvernement attentif au bien public a levé cette imposition de taille : il faut espérer qu'il levera tous les autres obstacles. J'ai parlé des abus qui, à cet égard, font à réformer. Je vais en proposer les moyens.

I I. O B J E T.
Remedes aux abus.

Tout commerce qui est encouragé par le gouvernement, est presque toujours florissant. Le commerce de la cire & du miel, ne paroît pas jusqu'à présent avoir reçu assez d'encouragement ; par-conséquent, il n'est pas étonnant qu'il languisse ; j'ai démontré que l'on détruisoit l'espece de l'infecte qui distille le miel. Pour réformer un abus si funeste, il seroit à desirer qu'il plût au roi de donner une loi qui fit défense à toutes personnes de faire mourir des abeilles de telle façon que ce puisse être, sous les peines que Sa Majesté ordonneroit. En empêchant la destruction de ces infectes, leur multiplication sera immanquable, & l'on en verra en aussi grande quantité en France, qu'autrefois où le nombre en étoit si considérable, que les princes ont fait des loix pour leur conduite : témoin ce qu'en disent les coutumes, entr'autres celles d'Anjou & du Maine. (*a*)

____

(*a*) On voit dans Plutarque que le sage législateur Solon, fit aussi des loix à ce sujet pour Lacédémone.

Secondement, pour mettre à portée la plupart des habitans de la campagne d'établir des ruches, il feroit néceffaire de les autorifer à les tranfporter auprès des prairies, bois & champs de farrazins, quoi qu'autre part que dans leurs pays & leur paroiffe, fous la garde gratuite des merceilliers des lieux, en proportionnant le nombre des ruches à la quantité de nourriture que peut fournir un canton, afin qu'on ne place pas cent ruches dans un lieu qui n'en peut tenir que cinquante, en plaçant les paniers dans les endroits propres, comme les terres en jachere ou en friche; en un mot, de maniere qu'ils ne puiffent nuire à la culture, ni aux voyageurs, ce qui feroit réglé par le fyndic ou procureur fifcal, ou tel autre qu'on choifiroit pour cette manutention, (le privilege des propriétaires toutes fois réfervé pour toute la quantité de paniers qu'ils voudroient mettre fur leurs terres); enfin en faifant par lefdits poffeffeurs de mouches leur déclaration au greffe du lieu, le tout avec défenfe, à qui que ce foit, d'y porter aucun trouble, à peine d'amende envers Sa Majefté & lefdits poffeffeurs, & plus forte punition fi le cas y échoit.

Il réfultera de là un bien général; la plupart des pays n'ayant qu'une faifon, & parce que, par ce tranfport ils profiteroient des deux faifons; le printems pour les prés & les bois; l'automne, pour les farrazins. L'avantage feroit réciproque; au printems, on ameneroit des pays fecs les mouches aux prés & aux bois; au contraire, ceux des pays de prés & de bois feroient conduire leurs mouches dans les pays fecs aux farrazins pour en receuillir la pouffiere des étamines qui entre dans la compofition du miel & de la cire, ce qui ne pourroit jamais porter aucun préjudice aux plantes.

On dira peut-être que leur translation cauferoit trop d'embarras & de rifque. Je réponds par la négative ; en effet, comme l'obferve M. de Bomare, " il eft très-poffible de les conduire par eau ou dans des charretes. Auffi a-t-on vu & voit-on encore en France dans le Gâtinois, un économe intelligent faire tranf-porter fes ruches en charretes, après la récolte du fainfoin, dans les plaines de Beauce, où abonde le mélilot ; puis en Sologne, où la campagne eft couverte de farrazin fleuri jufques vers la fin de feptembre. La plupart des habitans de ce pays, font maintenant dans l'ufage d'imiter cet économe, & de faire en petit, ce qu'il fait en grand. On fait que le profit que l'on retire des abeilles de ce pays-là, avec de pareils foins, eft très-confidérable ; car ils retirent d'un bon panier foixante à foixante & dix livres de miel, & deux livres un quart & demi de cire. Voilà, à l'aide de l'induftrie humaine des récoltes furprenantes ! Quelle en eft la fource, c'eft le tranfport des ruches dans les différens pays, fuivant les différentes faifons. „

Il eft vrai de dire, que ces gens, ou obtiennent facilement, ou achetent à bon marché la faculté de tranfférer leurs paniers dans la Beauce , la Sologne , &c. & que des habitans d'autres campagnes ne peuvent obtenir cette faculté des propriétaires de terre , ou ne peuvent l'acquérir ; voilà pourquoi je follicite pour eux cette permiffion gratuite.

Troifiémement , pour encourager ce genre de commerce , il feroit à propos de favorifer les particuliers qui auroient des ruches , en leur accordant pendant quelques années cinq fols , ou plus ou moins de diminution de taille par ruches. Par ce moyen , tous les habitans des campagnes , s'emprefferont d'en avoir , & lorfqu'on leur retireroit cette faveur , l'expérience leur auroit trop bien fait connoître l'intérêt qu'il y a d'élever des abeilles pour jamais y renoncer.

M. Feydeau de Brou , intendant de Rouen , a rendu une ordonnance en 1757 , qui diminuoit , fupprimoit même , s'il étoit néceffaire , la capitation de quiconque , auroit dix ruches garnies de mouches au mois d'avril de chaque année , taxoit outre cela d'office à la taille les poffeffeurs de vingt-cinq ruches , & déclaroit expreffément que ces diminutions d'impôts ne feroient point rejetées fur d'autres habitans ; mais qu'elles pafferoient en décharge dans les comptes des receveurs.

La fageffe de cette ordonnance fe fait trop bien fentir pour que nous y ajoutions quelques réflexions.

La fociété établie à Londres depuis 1753 , pour le progrès des arts &c. , a propofé en 1764 , des médailles

d'or & d'argent, & des récompenfes pécuniaires pro-
portionnées au nombre de ruches bien garnies de mouches vivantes, que chacun de ceux qui fe préfenteront
en 1764, 1765 & 1766, poffédera provenant de fes
foins annuels pour les multiplier & faire profpérer, ces
récompenfes vont jufqu'à quatre-vingt livres fterlings
pour quatre cents ruches.

Nous pourions citer encore plufieurs loix, plufieurs
exemples; mais ce feroit furcharger ce mémoire & fati-
guer trop long-tems l'attention des lecteurs.

Reffources pour les tems de guerre.

J'OUVRE un emprunt viager fur une & deux têtes. Je
laiffe l'évaluation de l'intérêt & le *quantum* de l'emprunt à fixer; cela dépend des befoins de l'état & de
la prudence du confeil. Tout ce que je puis dire à cet
égard, c'eft que ce plan peut faire au moins la bafe
d'un emprunt de cent millions.

J'expofe que Sa Majefté s'eft fait rendre compte de l'état
des fommes qui lui reftent pour foutenir la guerre;
qu'elle a vu avec peine, qu'il ne s'en trouvoit pas dans
fon tréfor autant que les befoins de l'état paroiffent
l'exiger: que pour s'en procurer, elle recherche les
moyens les plus doux pour fon peuple; qu'en conféquence, elle a penfé qu'il lui étoit plus avantageux,
ainfi qu'à ces fujets, d'établir un nouvel emprunt viager.

Que voulant donner une marque particuliere de fon affection à ceux de fes fujets qui concoureront à remplir cet emprunt, & qui par la, lui éviteront la fâcheufe néceffité de fixer de nouveaux impôts : elle fe détermine avec plaifir à reconnoître leur zele & leur dévouement pour la patrie, de la maniere la plus éclatante, &c.

Je dis que celui qui prêtera vingt mille livres, outre l'intérêt de fon argent qui fera à huit ou neuf pour cent fur une tête à fept ou huit fur deux têtes, ainfi qu'on le jugera à propos, jouira auffi-tôt des privileges de la nobleffe, lui & la perfonne fur la tête de laquelle il aura conjointement placé.

Celui qui en prêtera quarante, jouira auffi-tôt des privileges de la nobleffe ; je ne repéterai pas ici, ni par la fuite, que la perfonne affociée aura le même avantage. Cela s'entend.

Celui qui en prêtera quatre-vingt, jouira des privileges de la nobleffe, & dans dix ans, de la nobleffe perfonnelle.

Celui qui en prêtera cent cinquante, jouira de la nobleffe perfonnelle, & dans vingt ans, de la nobleffe tranfmiffible.

Celui qui en prêtera deux cents, jouira de la nobleffe perfonnelle, & dans dix ans, de la nobleffe tranfmiffible.

Celui qui prêtera trois cents mille livres, jouira auffi-tôt de la nobleffe tranfmiffible.

Enfin, que ceux qui pofféderoient des états dérogeans

à la nobleffe, aux époques où ils fe trouveroient devoir jouir de celle perfonnelle, ou de celle tranfmiffible, feroient tenus de les quitter.

Réfumé.

L'état a toujours befoin d'argent pour alimenter une guerre. Il n'y a que trois moyens pour s'en procurer, ou de créer des offices, ou d'établir des impôts, ou de faire des emprunts.

Quant à une création d'office, elle ne peut être heureufe, lorfqu'elle eft voifine de fuppreffions en tout genre.

Quant aux impôts, regle générale, c'eft moins en tems de guerre que dans des tems d'aifance & d'abondance, en un mot, dans des tems de paix, qu'ils doivent être établis ; fur-tout, lorfqu'il s'agit d'une guerre de la nature de celle dont nous fortons, d'une guerre fur mer, & pour tout dire, d'une guerre de commerce.

Or, les émigrations, le défaut de circulation d'efpeces, l'interception du commerce extérieur, la ftagnation du commerce intérieur produifent pour le peuple, les mêmes effets que ceux de l'impôt le plus lourd. Ajouter à cette forte d'impôt, l'impôt même le plus léger, c'eft le furcharger, & cette furcharge eft auffi préjudiciable au fouverain qu'à fes peuples. Les fujets font pour le prince des brebis couvertes d'une toifon d'or dont il fe prive bientôt, & fans reffource, s'il les fait écorcher.

Voilà pourquoi l'Angleterre, cette puissance si fiere de la cause qui devient aujourd'hui l'effet de son humillation, qui n'a presque d'autres ressources que dans les subsides énormes qu'elle arrache, pour ainsi dire, de ses propres entrailles (a), ne peut manquer de s'affaisser & je pourrois dire, de se dissoudre, parce qu'elle supporte deux terribles impôts, celui résultant du tort prodigieux que lui a fait & lui cause encore l'inaction de son commerce : tort qu'on ne peut mieux comparer qu'à un impôt, & l'impôt réel & exorbitant qu'elle fait peser sur le peuple.

Eh ! qui la réduite à ces dures extrêmités ; c'est parce que la plupart de ses sujets font commerçans, que les emprunts qu'elle pourroit ouvrir n'auroient pas de succès au milieu d'une classe d'hommes intéressés à ne distribuer son numéraire que dans le négoce, ou seroient trop chers ; qu'enfin, il ne lui est guere possible d'attirer d'argent par les emprunts, que des étrangers, encore en petite quantité, & par l'appas perfide d'un intérêt forcé.

A l'égard des emprunts, sur-tout des emprunts viagers, c'est donc la plus forte ressource qui reste à la

---

(a) L'Angleterre n'a effectivement d'autres ressources que dans les subsides, les emprunts lui étant trop coûteux, que d'ailleurs ses sujets ne lui prêtent que des marchandises qu'ils lui font payer le double. Aussi nous a-t-elle appris par la voie des gazettes, que treize millions qu'elle avoit emprunté de cette maniere, lui en coûtoient vingt-deux.

France (*a*). Il eſt vrai qu'elle vient d'en faire un grand nombre, & qu'en ſuivant la route ordinaire, elle ne réuſſiroit pas facilement à en faire de nouveaux. Mais auſſi je prétends avec la plus grande aſſurance que le moyen que je propoſe, feroit un des plus propres à employer pour remplir promptement un emprunt dans la conjonĉture embarraſſante & preſſante d'une guerre, & peut-être cette malheureuſe circonſtance n'eſt-elle que trop près.

Envain me dira-t-on que les bourſes, à force d'avoir prêté, ſont épuiſées : je répondrai qu'il n'y a que les bourſes des étrangers & celles de Paris, qui ſe ſoient ouvertes pour ces emprunts. Que les provinces n'y ont preſque rien fourni, & que mon ſyſtême fera ouvrir à leur tour leurs bourſes, & encore celle de Paris. Quant aux étrangers, je n'admets point leurs prêts, ils me paroiſſent plus déſavantageux que favorables. En effet, un étranger place à nos emprunts, parce qu'il y retire un intérêt plus fort que celui qu'on lui donneroit dans ſon pays ; il s'enrichit ainſi avec nous, & acquiert des forces qui ne peuvent que trop nous être nuiſibles.

On m'objeĉtera peut-être que je prodigue trop la nobleſſe, & que cette prodigalité produiſant un avantage momentané à l'état, pourra lui faire tort par la ſuite. Je réponds d'abord, que la nobleſſe a été de tout

______

(*a*) On ne ſauroit trop cependant épargner les emprunts viagers ſur pluſieurs têtes, car autant celui ſur une ſeule tête eſt avantageux à l'état, autant ceux-là lui ſont onéreux.

tems en France, la récompenfe de la fidélité, du dévouement & des bonnes actions : or , quel meilleur
acte de fidélité, de dévouement ; quelle meilleure
action que celle de prêter de l'argent à fon prince dans
un befoin preffant, à un intérêt modique, & par là, de
détourner les impôts menaçans de deffus la tête de fes
concitoyens ? Je dirai, en outre, que peu de perfonnes
atteindront le but marqué pour jouir de la nobleffe
tranfmiffible, que d'autres en grand nombre feront
long-tems à parvenir à celui de la nobleffe perfonnelle,
& pourront même être arrêtés par la mort, & que cette
forte de nobleffe, ainfi que les privileges qui y font
attachés ne font pas beaucoup à ménager, puifque l'une
& les autres ne font que viagers. J'ajouterai qu'on vient
de fupprimer une multitude de charges dans la maifon
du roi, qui avoient été créés vraifemblablement dans
de pareilles circonftances, que ceux qui en étoient pourvus, jouiffoient des mêmes privileges à un prix plus
avantageux pour eux, & que cette opération-ci pourra
remplacer celle-là plus utilement.

On m'oppofera peut-être encore que ce fyftême fera
renchérir les biens fonds : cela ne peut pas être ; car
dans ce moment-ci, il y en a plus à vendre que jamais :
il y a même jufqu'à dix mille terres à vendre aujour-
d'hui, c'eft un fait certain ; mais en fuppofant que ce
furenchériffement aie lieu, dans un état où la plupart
des impôts frappent fur la glebe, la cherté des biens
fonds, eft plutôt un bien qu'un mal.

Enfin, fi l'on trouvoit que j'ai fixé trop haut ou trop bas mes fommes, trop avancé ou reculé les époques pour les privileges & les deux fortes de nobleffe, rien n'eft plus facile que de les changer. C'eft une échelle dont on peut aifément approcher ou éloigner les échelons.

Moyens pour payer facilement & promptement les dettes de l'état.

La dépenfe pour la perception des revenus de l'état excede ces revenus de plus du double, ainfi fi le prince a quatre cents millions de rente, on en tire à-peu-près neuf cents du peuple, & l'état eft toujours dans la difette d'argent, & il eft toujours endetté, & l'on veut payer fes dettes ! Je ne fuis pas étonné que depuis que l'on s'occupe de cette libération, on n'y aie pas réuffi ; la raifon . c'eft que tant que les finances feront ainfi adminiftrées, cette libération fera impraticable. Pour moi, je foutiens avec confiance que pour y parvenir, il n'y a pas d'autres moyens que de réformer cette adminiftration.

Voici en deux mots l'opération qu'il y auroit à faire à cet égard.

Le prince reçoit quatre cents millions, le peuple en donne neuf cents ; par-conféquent, il y en a cinq cents de perdus pour le prince & pour le peuple.

Il ne doit certainement pas en coûter cinq cents

millions pour en payer & en percevoir quatre cents.

Or, il faudroit diminuer les frais de cetté perception, & affurément avec de l'ordre, de l'économie &
de l'intelligence, elle pourroit fe faire au plus pour
quatre cents millions. Alors on tireroit toujours du peuple les mêmes cinq cents millions qu'il eft habitué à
payer pour les frais de perception ; mais les cent millions excédant les quatre cents fixés pour ces frais,
feroient verfés dans une caiffe d'épargne, uniquement
deftinée à cet objet.

Le prince ne conteroit toujours que fur quatre cents
millions de revenus, & fi des befoins extraordinaires
furvenoient, il ne faudroit nullement toucher à cette
caiffe, mais faire comme fi elle n'exiftoit point, ouvrir
des emprunts ou créer des impôts, & les abolir lorfque
le tems des befoins feroit paffé.

En maintenant ainfi cette caiffe, les cent millions
qui y feroient verfés chaque année, produiroient au
bout de vingt ans, y compris les intérêts, deux milliards cent millions.

Il eft prouvé que l'entretien de la maifon du roi,
des troupes, &c. coûte le double de ce qu'il devroit
coûter à caufe du crédit que l'on prend en fon nom
pour payer. Lorfqu'on paiera toutes les acquifitions pour
la cour comptant, ou au plus tard, au bout de trois
mois ; les acquifitions feront toujours les mêmes, &
la dépenfe fe trouvera diminué de moitié : or donc fur

les quatre cents millions de revenu du roi, on pourra
encore en verfer cent tous les ans dans la caiffe, qui,
réunis aux autres cent millions ci-deffus, produiroient
au bout de vingt ans, un capital de quatre milliards
deux cents millions. A cette époque, l'état pourra étein-
dre fes dettes ; enfuite il pourra réferver encore tous
les ans cent millions dans la caiffe d'épargne pour les
befoins extraordinaires ; & à l'égard des autres cent
millions, les remettre au peuple en diminuant les impôts jufqu'à concurrence de cette fomme : enfin à cette
époque, la France fera la plus heureufe, la plus riche,
& la plus puiffante de toutes les nations de l'Europe.

De la taille & autres impofitions.

La taille fut levée pour la premiere fois par St. Louis
en faveur des Croifades ; mais elle ne fut alors, de
même que long-tems après, qu'une impofition extraordinaire. Elle prit fous Charles VI, le nom qu'elle porte
encore aujourd'hui, parce que les payfans ne fachant
pas écrire, marquoient fur une taille de bois, ce qu'ils
recevoient pour cette impofition. Elles furent rendues
ordinaires & perpétuelles fous Charles VII, mais elles
étoient alors fi peu confidérables, que c'étoit à qui en
paieroit davantage. Louis XI les fit monter jufqu'à
quatre millions fept cents mille livres. Sous Charles

VIII, elles furent diminuées : elles augmenterent fous François I, & Henri II ne les trouvant pas encore affez fortes, impofa le taillon par forme de crue, pour payer la gendarmerie. Sous les regnes fuivans, les tailles ont augmentées à proportion de toutes les autres impofi-tions.

Autrefois les élus étoient chargés de l'opération du département ; c'eft celle par laquelle on répartit entre les paroiffes ou les communautés, la fomme qui doit être perçue fur une élection : ils étoient alors afféeurs généraux de la province ; mais l'adminiftration ou plutôt les intendans en ont pris de l'ombrage, & ils ont tant faits qu'ils fe font rendus les chefs, les préfidens de ce département. L'on a privé infenfiblement les élus de leur voix délibérative, & tous ceux qui ont droit d'affifter à l'affemblée ; enfin, on ne voulut plus qu'ils fuffent à quel taux pouvoit monter le total de l'impo-fition. On imagina de faire deux brevets de taille, l'un, qui fut oftenfible & porté devant eux ; l'autre, qui reftat fecret, & dont le feul intendant fit la répartition dans fon cabinet. C'eft dans le premier qu'eft compris le principal de la taille qui ne varie jamais, dit-on, & fur lequel il eft par - conféquent inutile de confulter la province, & l'on réferve pour le fecond, les acceffoires trop variables, au contraire, trop momentanés, trop urgens pour fubir les lenteurs de l'enrégiftrement.

Ces obfervations fe trouvent plus étendues dans un

ouvrage moderne, qui traite favamment de cette matiere. Le premier brevet de la taille fixe dans la province de...., y eft-il dit, " monte à une fomme de 40,107,239 liv. 16 f. 1 den. ; & les acceffoires compris fous la dénomination du fecond brevet, monte à 21,571,050 livres 5 f. 7 den., brevet qu'on appelle énergiquement le brevet militaire pour caractérifer fa dûreté, &c. L'auteur conclut que les acceffoirs font élevés à plus de moitié de principale ; & il ajoute qu'il y a des provinces où ils l'égalent, que par exemple, à Châlons-fur-Marne, on voit que le premier brevet eft de 1,783,250 livres 18 f., & le fecond de 1,357,350 liv. 3 f. 6 d., c'eft-à-dire, comme de 9 à 7 feulement ; enfin, il explique la caufe de cette différence.

C'eft parce que l'intendant de Champagne a voulu avoir une brillante falle de comédie, de belles promenades, un hôtel fuperbe, ou plutôt un palais (a), qu'il a défiré en rendre les avenues magnifiques par des rues alignées, fpacieufes, & qu'il a fallu bouleverfer toute la ville pour fatisfaire fes fantaifies difpendieufes, qu'il s'eft trouvé en crédit, & a obtenu tout ce qu'il a demandé, & le tout aux dépens de la pauvre province qu'il enrichit de monumens, & ruine dans fon commerce & fon agriculture. ,,

____

(a) Il ne l'habite même que très-peu, étant les trois-quarts du tems à Paris, ou à la terre de fon fecrétaire M. G*******, écuyer, tréforier de France, &c.

Je

Je ne fais pas fi c'eft par un efprit d'animofité que l'auteur s'eft permis de faire un examen auffi piquant de la conduite de cet intendant. Tout ce que je fais, c'eft que le mercredi 9 août 1769, le procureur général de la cour-des-aides de Paris, a rendu plainte des abus commis par cet intendant de Champagne, & dont toute la province fe plaignoit rélativement aux frais énormes qu'on faifoit fupporter aux contribuables pour la confection des rôles par commiffaires, en contravention à la déclaration du roi de 1768, frais qui montoient pour la feule élection de Châlons à 120000 liv., & pour l'élection de Sainte-Menehouit à 72000 liv., indépendament des faux frais, allees & venues que ces rôles par commiffaires occafionnoient aux taillables. Cette plainte s'eft affoupie.... ô loix ! ô loix !

Quelle eft donc le Sully qui dira au pere du peuple, Sire, voilà comme votre autorité eft compromife; voilà l'abus. Par malheur il ne s'en eft pas encore trouvé qui foit refté affez long-tems en place pour faire connoître le mal, le réprimer auffi-tôt, & en faire punir les auteurs.

On ne peut pas reprocher à la cour-des-aides de Paris, de n'avoir pas réclamé contre ces abus : car voici ce qu'on lit à ce fujet dans fes remontrances. " Le fecond brevet appellé militaire n'eft point rapporté au département, il n'y en eft pas parlé, il eft réparti par l'autorité la plus myftérieufe, comme la plus arbitraire. C'eft dans le cabinet de l'intendant que fe fait cette répartition. Il en

étoit déja le maître puifque perfonne n'avoit voix délibérative au département. Mais les tréforiers de France
& les officiers des élections avoient le droit de repréfenter ; & des repréfentations faites avec une forte de
publicité, gênent toujours celui qui voudroit commettre
une injuftice. On a voulu les affranchir de cette gêne.
Une opération qui ne tend qu'à leur ôter des témoins
incommodes, eft évidemment une opération qui ne leur
donne que la facilité de mal-faire, fi on vouloit les employer à cet ufage, & qu'ils vouluffent s'y prêter. „
(*Remontrances du 9 juillet* 1768.)

" On n'a mis dans le premier brevet que la taille
principale qui, dit-on, ne varie jamais, & on réferve
pour le brevet fecret, tous les acceffoires, toutes les impofitions nouvelles, tout ce qui eft fujet à variation
d'une année à l'autre. On y fit entrer toutes les diminutions fur les acceffoires de la taille. „ (*Remontrances
du 6 mai* 1775.)

" Le premier brevet femble annoncer une diminution, pendant que le fecond qui arrive quelques mois
plus tard, fait voir une augmentation réelle. „ (*Remon-
trance du 2 feptembre* 1768.)

" De toutes les opérations faites par le defpotifme,
il n'en eft aucune où le funefte efprit de clandeftinité
foit plus manifefte que dans ce fyftéme des deux brevets.
En effet, puifque les élus n'ont plus de voix délibérative au département, qu'ils n'y ont plus aucun pouvoir,

on ne conçoit pas quelles intentions honnêtes on a pu avoir en écartant de pareils témoins. „ (*Remontrances du 9 juillet* 1768.)

" On dit que depuis long-tems le principal de la taille n'eſt jamais augmenté ; cependant le peuple qui en ſupporte le poids ſe plaint ſouvent de l'augmentation. Ce n'eſt qu'une diſpute de mots, on n'augmente pas le principal, mais on augmente les acceſſoires. . . . . ; moyens par leſquels les impoſitions acceſſoires à la taille ont été accumulées au point d'égaler , & peut-être de ſurpaſſer l'impoſition principale. „ (*Remontrances du 9 juillet* 1768.)

" La cour-des-aides veut avoir un tableau général des ſommes réparties chaque année ſur la taille, uniquement pour le préſenter au roi; l'adminiſtration a eu aſſez de crédit pour faire caſſer cet arrêt. „ (*Remontrances du 6 mai* 1775.)

" La ſomme impoſée pour la taille ſe perçoit avant que la fixation de cette ſomme, & la répartition qui s'en fait dans les généralités , ſoient enregiſtrées dans aucune cour. Uſage abuſif & confirmé par des loix enregiſtrées contre le gré de la cour-des-aides. „ (*Remontrances de* 1761.)

" Le roi eſt ſupplié par la cour-des-aides de fixer par une loi ſolemnelle, la ſomme qui doit ſe percevoir dans le royaume, tant pour la taille que pour les autres impoſitions qui ſe perçoivent avec la taille. Cette fixation

eſt un ordre néceſſaire à établir dans les finances. „
(*Remontrances du 9 juillet 1768.*)

" Il n'eſt pas juſte que ce ſoit par les ſeuls intendans
que la ſituation des peuples ſoit préſentée au roi ; il eſt
étonnant que ni les corps, ni les particuliers de chaque
province n'aient pas été admis à donner des mémoires en
faveur du peuple, avant la fixation du brevet & des
commiſſions. „ (*Remontrances du 6 mai 1775.*)

" En conſervant au département la ſéance du commiſſaire departi qui eſt l'œil du roi, pour obſerver ce
qui ſe paſſe dans les provinces, & en profitant des
lumieres des tréſoriers de France & des officiers des
élections, rien ne ſeroit plus aiſé que de faire entrer
au département, comme la partie eſſentielle de ce tribunal, des députés choiſis parmi les propriétaires des biens
ſur leſquels l'impoſition doit être aſſiſe. Il y auroit ſeulement des précautions à prendre pour que ces députés
fuſſent élus librement. La cour-des-aides qui avoit déja
propoſé pluſieurs fois les mêmes vues avant 1773, les
a propoſées de nouveau dans ſes remontrances du mois
de mars 1776, au ſujet de l'édit des corvées ; c'eſt
ſans doute d'après ces vues, que par arrêt du conſeil du
24 juillet 1778, il a été établi une adminiſtration mu-
nicipale dans la province du Berry. „ (*Remontrances
de 177*.)

Cet analyſe de remontrances faite ſous les yeux & par
les ſoins d'un magiſtrat citoyen & orateur digne des

plus beaux fiecles de Rome, fuffit pour faire fentir les abus qui fe commettent dans la confection des tailles, & fur-tout pour les faire rectifier fous le regne d'un prince qui ne defire que les occafions de faire le bien & de rendre juftice à fes peuples.

Du marc de l'argent.

IL eft étonnant que depuis plus de cinquante ans le marc d'argent refte au même taux. On fait que de tout tems & dans tous les pays, le prix du marc d'argent a été proportionné à celui des denrées, & qu'elles en ont été, pour ainfi dire, le thermometre : or, il eft certain que depuis 20 ans & moins, le prix des denrées eft triplé dans tous les pays, tous les royaumes, & nul part, depuis ce tems, le marc d'argent n'a varié. Il eft bien vrai qu'en France, il a été augmenté de 5 fols, il y a 4 ans ; mais cela ne mérite pas qu'on s'y arrête.

Il réfulte de cette inattention des gouvernemens, fur cet objet, un vice politique. Qu'on ne dife pas que les autres nations n'innovant point fur cette matiere, la France doit faire de même.

D'abord quelques-unes des autres nations peuvent avoir un numéraire plus fort que la France, proportions gardées, des impôts moins lourds & frappant fur des objets moins effentiels que les biens fonds ; enfuite c'eft

que les opérations de la France font comme la bouffole
des autres royaumes, de même à-peu-près que fon
idiôme eft celui de toutes les cours. En troifieme lieu,
comme elle y eft prefque la plus intéreffée, c'eft à elle
à s'entendre avec les autres. En tout cas, il eft conftant
qu'en France, où les impôts pefent le plus fur la glebe,
où les denrées, par conféquent, renchériffent de plus
en plus, où le numéraire eft rare, & s'épuife tous les
jours dans le creufet de l'orfévrerie & de la bijouterie ;
l'argent repréfentatif de ces denrées doit furhauffer en
valeur.

Enfin de trois chofes l'une, où le gouvernement françois doit exhauffer le prix du marc d'argent, proportionnellement à celui des denrées, ou altérer fes monnoies,
ou fubftituer à l'or & l'argent qui fe perdent, pour ainfi
dire, dans la bijouterie, dans le défordre du luxe, un
métal mixtionné légalement approuvé & contrôlé, &
qui foit exclufivement employé par les orfevres & les
bijoutiers.

A l'égard de la réciprocité d'augmentation du marc
d'argent chez toutes les nations : on dira, peut-être,
qu'il n'y a pas fi long-tems que les minés de l'Amérique
font découvertes ; mais je répondrai que depuis on en
a perdu d'autres, témoins celles d'Efpagne qui font fub-
mergées, où malgré tous les efforts de l'art, on n'a pu
parvenir à faire aucuns defféchemens, & où il eft impoffible de puifer le métal à travers à-peu-près deux
cents pieds d'eau.

De la caiſſe d'eſcomptes.

La caiſſe d'eſcompte pourroit être réunie avec le Mont-de-Piété (a), embraſſer toutes ſes parties, & de plus, prêter ſur des contrats ſur le roi pendant un an, ce ſeroit un moyen ſûr pour favoriſer, accréditer & faciliter les emprunts royaux. Le public y trouveroit un avantage, & le roi y feroit un bénéfice infaillible ; puiſqu'il paieroit les rentes au-deſſous de leur denier, par la raiſon que, pour le prêt ou eſcompte, il ſe réſerveroit un droit. Au reſte, on doit bien ſentir qu'on n'accepteroit ces contrats, pour éviter toute fraude, que revêtus des formes néceſſaires & certifiés par les tréſoriers ou payeurs des rentes.

(a) Le premier Mont-de-Piété fut établi à Perouſe. Sixte IV établit le ſecond à Savone en 1479. Si en France l'on n'eut pas attaché une honte, & des obſtacles à prêter ſur gage ou nantiſſement ; ſi comme en Angleterre tout particulier pouvoit prêter à cinq pour cent ſur gages, il y auroit eu, & y auroit encore moins d'uſuriers, & le Mont-de-Piété ne feroit pas plus onéreux au commerce que le penbrok de Londres où l'on ne porte qu'à la derniere extrémité, & quand on ne peut pas ſur-le-champ trouver d'autre prêteur. Il y a plus, notre ordonnance du commerce exige que le contrat de nantiſſement ſoit paſſé devant notaires, qu'il contienne la ſomme prêtée & la qualité du gage, qu'il en reſte minute à peine de nullité. Si cette diſpoſition eut été exécutée lors des prêteurs ſur gage, ils n'auroient pas fait tant de fripponneries, & l'on n'auroit vraiſemblablement pas été dans le cas d'établir le Mont-de-Piété.

Du paiement des contrats sur la ville , &c.

IL y a une multitude de petites rentes sur la ville ,
dont les paiemens minutieux & compliqués entraînent
trop d'embarras & de frais ; on pourroit les refondre
en une seule envers les particuliers qui en possédent
plusieurs. Comme la ville y gagneroit en gros sur les
frais du detail de la manutention , elle pourroit même
faire à ces particuliers un avantage , en donnant un
petit intérêt de plus pour cent, ou en donnant le double de la rente en viager à ceux qui le préféreroient,
si toutefois ses fonds lui permettoient de faire cette
converfion utile.

Il seroit à souhaiter auffi pour le bien de l'état , que
tous les contrats de rente quelconques à sa charge , fuffent également convertis en une quittance sur le tréfor
royal : on éviteroit par là toutes les dépenfes qu'entraînent des payeurs contrôleurs , &c. Le grand art en
finance, eft de fimplifier, d'éviter la multiplicité des êtres.
La trop grande quantité de mains dans lefquelles les
deniers royaux s'entrainent, fera toujours un obftacle
à une adminiftration bien entendue , à des opérations
claires & lucides.

Par exemple , quand je confidere que le roi donne
d'une main 400 liv. de gages à un confeiller au Châtelet, qu'il les retire de l'autre par le centieme denier

& la capitation, qu'il foudoie un financier pour payer ces 400 liv., & un autre pour les reprendre : je ne puis m'empêcher de dire qu'il ne faut qu'une operation comme celle - là pour faire juger combien il peut y en avoir d'autres vicieufes dans l'adminiftration générale des finances.

Un adminiftrateur intelligent & bien intentionné auroit dit, le roi paie 400 liv. à un confeiller au Châtelet, celui-ci paie 400 liv. à Sa Majefté : partant, il eft bien plus fimple que le roi ne donne rien & ne demande rien ; par conféquent, il n'y aura ni payeur de gages, ni receveurs de centieme denier & de capitation à appointer fur cette partie, ou bien fi l'on vouloit abfolument laiffer la vaine liberté de ne pas payer le centieme denier, le payeur des gages pouvoit être autorifé à dire à chaque confeiller : voulez-vous recevoir ce centieme denier, c'eft 180 liv. à vous remettre : voulez-vous le payer, je garderai tout. Il retient bien la capitation par fes mains : pourquoi ne retiendroit-il pas de même le centieme denier. A quoi bon qu'un magiftrat aille ou envoie à l'extrêmité de Paris recevoir 180 liv. pour les porter à l'autre extrêmité ; qu'en refulte-t-il ? rien, fi ce n'eft de faire gagner le petit intérêt pour livre au tréforier des parties cafuelles. C'eft ainfi que de l'argent qui doit aller direétement dans les coffres du roi, il s'en détache bien des parcelles à tra-

vers toutes les filieres finueufes où on le fait inutilement paffer (*a*).

Des notaires de Paris.

L'ÉTAT de notaire paroît être fort avantageux ; prefque
inconnu autre fois, il excite aujourd'hui l'envie ; une
foule de jeunes gens n'afpirent qu'après le tabellionage.
Enfin, on rafolle pour ainfi dire d'être garde - fcel &
garde - note , mais on ne confidere pas que s'il y en a
quelques-uns qui , par le patrimoine de leurs peres , par
le bien de leurs femmes , par quelques-uns de ces événemens heureux & extraordinaires , jouiffent des fa-
veurs de la fortune, des douceurs de la vie, il y en a
d'autres trop peu fortunés qui ne trouvent dans cet
état qu'une exiftence bien médiocre, & d'autres qui
à travers un luxe défordonné , une témérité dangereufe',
extravagante , font très-mal leurs affaires & celles du public , en ayant l'air de les bien faire (*a*).

En général, on pourroit reprocher aux notaires d'af-

(*a*) Si fous l'empire romain compofé de provinces qui forment aujourd'hui des royaumes, les affaires fe fuffent traitées
avec la même proxilité qu'elles fe traitent aujourd'hui ..., il eft
très-douteux que la ville de Rome & fes fauxbourgs, euffent
pu fuffire à contenir & à loger les bureaux. (M. Grosley, dans
fon eftimable ouvrage, intitulé Londres.

(*b*) Depuis 1755 , il y en a eu 40 qui ont fait banqueroute.

ficher trop le faſte, la ſomptuoſité, & d'oublier ce qu'ils font. Le public qui eſt leur bienfaiteur, ne les voit pas ſans un mouvement d'indignation mélée de pitié, habiter les plus beaux hôtels, & ſe jetter dans des dépenſes de ſeigneurs.

Cette vanité extréme, tôt ou tard, leur fera beaucoup de tort. Leurs charges ſont montées à un prix fou, & il faut les réduire : il n'y a que trop long-tems que le public paie cette folie.

On devroit exiger des jeunes gens qui courent après ces charges, ou dix ans de cléricature, & deux & demi de maitre clerc, ou cinq en tout de maitre clair, arrêter que ces charges ne pourront être vendues qu'au plus ancien cler en tour, que s'il céde ſon tour, ce ſera celui qui ſera après lui qui pourra en traiter, à moins qu'un notaite ne remit ſa charge à ſon fils, ſon frere, ſon gendre ou ſon neveu, ce qu'il faudroit exactement prouver.

On objectera qu'on pourra donner de l'argent à un cler pour céder ſon tour : cela ſera rare, & l'inconvénient ſera de peu de conſéquence.

On pourra alors facilement fixer le prix de charges, puiſqu'il n'y aura plus de concurrens. Enfin on pourrra ſuivre auſſi le même plan pour les offices des procureurs. C'eſt, ce me ſemblele, moyen le plus ſimple, d'empêcher la cherté ruineuſe des offices ſuba'ternes de la juſtice, & de rendre ſervice au public, dont depuis long-tems la voix qui fe fait entendre à ce fujet, eft celle qui crie dans le défert.

Encore une obfervation à faire ici. Tout le monde fe plaint de la cherté des actes des notaires, & il eft vrai qu'il en eft parmi eux, qui vendent leur travail plus cher les uns que les autres, comme il en eft qui ont du mérite, qui font modeftes, affables, obligeans, & d'autres qui, fans talens, ont tous les défauts contraires.

Il exifte, dit-on, un tarif pour les actes; mais il faut convenir qu'il n'eft point fuivi, ou du moins bien peu, qu'il eft même des circonftances où on ne peut le fuivre, parce que le travail d'efprit eft inappréciable. J'eftime qu'on peut obvier à cet abus, en aftreignant les notaires à mettre au bas de leurs actes avant leur fignature, le reçu de leur émolument, en établiffant à cet égard. une commiffion compofée de cinq magiftrats, dont un rapporteur. Cette commiffion prononceroit en dernier reffort, taxeroit, condamneroit, & par corps, à reftituer dans le jour entre les mains d'un greffier, ce qu'elle arbitreroit avoir été de trop perçu. Les particuliers qui auroient à fe plaindre de la cherté exceffive d'un acte, préfenteroient un placet à ce fujet au rapporteur de la commiffion, & y joindroient une expédition de l'acte. Alors le rapporteur convoqueroit l'affemblée des juges de la commiffion; & fi elle jugeoit qu'il y eut lieu à reftitution, elle rendroit un jugement qui y condamne- roit le notaire trop avide, & ce jugement lui feroit fignifié & exécuté dans le jour : tout fe feroit *gratis* dans cette commiffion. Cette opération qui eft, on ne peut pas plus fimple , contiendroit la cupidité , & feroit infiniment utile à la fociété.

Des dépôts volontaires.

RIEN de plus facré que les dépôts , & malheureu- fement rien n'eft moins refpecté affez fouvent par les officiers qui en font chargés , & il eft inutile de rap- peller à ce fujet des banqueroutes & des fuicides. On en fait affez pour fentir l'utilité & la néceffité de nou- veaux reglemens fur cet objet.

Le plus facile & le plus fage, à mon avis , feroit d'en- joindre aux notaires de tenir un regiftre exact des dépôts volontaires fait dans leurs études, & la mention de chaque dépôts fignée par la perfonne qui auroit dé- pofé. De commettre le rapporteur de la commiffion dont nous venons de parler , pour vérifier chaque mois dans un jour indéterminé, fi les dépôts font effectifs , & dans le cas où ils ne le feroient pas, en faire fon rap- port à la commiffion , qui prononceroit en dernier ref- fort la condamnation de la remife des dépôts au greffe, la condamnation par corp du remplacement du *déficit* , & la peine de l'interdiction perpétuelle contre l'officier qui n'auroit pas repréfenté fes dépôts dans leur intégrité.

Des dépôts forcés.

QUAND les finances d'un état font fagement admi-
miniftrées & que le peuple voit que le prince s'occupe
entiérement de fon bonheur, alors toute la confiance
fe porte comme naturellement vers le prince.

Et telle eft la pofition de la France.

Les emprunts fucceffifs qui fe font faits vers les dernieres années de la guerre, ont à peine été ouverts ,
qu'ils fe font remplis.

Lorfqu'une grande portion d'une nation a eu une jufte
fécurité pour laiffer repofer une partie de fa fortune
à l'ombre de l'économie paternelle de fon roi, pourquoi cette nation entiere ne lui confieroit-elle pas au
nom de la juftice dont il eft l'augufte chef, des dépôts
précieux & facrés ?

J'aime à croire, au contraire, que fi le prince vouloit ouvrir dans fon tréfor royal une caiffe deftinée à
recevoir ces dépôts, les magiftrats & les citoyens feroient
bientôt d'accord de les y verfer.

L'état & les fujets ne pourroient qu'y gagner, parce
qu'on fait que l'argent dépofé chez un notaire, ou aux
confignations, ne produit rien, & qu'il en coûte pour l'en
retirer. D'ailleurs, rélativement aux notaires, à moins
que le plan que je viens de donner ne s'exécute, on

connoît le danger qu'il y a de les leur confier, & l'expérience ne laiffe plus de doute à cet égard.

Or, l'état peut s'en charger & non-feulement ne rien exiger lors de la répétition des deniers, mais encore faire un avantage de trois & quatre pour cent, car par le féjour affez long que les dépôts font dans les caiffes, ils peuvent produire au fifc , l'un portant l'autre, au moins cinq pour cent , foit par l'extinction des rentes onéreufes, foit par des paiemens utiles ou par des viremens avantageux ; donc l'état & le peuple y trouveroient un bénéfice réel.

Les dépôts volontaires pourroient fuivre le même cours.

De l'agriculture.

L'AGRICULTURE eft extrêmement negligée en France. Il y a environ cent cinquante millions d'arpens de terre quarrés dans ce royaume , dont une moitié eft en bois , prés , vignes , montagnes , chemins , emplacement de maifons , jardins , étangs , rivieres , &c. L'autre moitié en terres labourables , & de ces foixante quinze millions d'arpens de terres labourables , il n'y en a pas un quart de bien cultivé.

Il eft étonnant que dans un pays où les hommes font fi éclairés , on ne faffe pas plus d'attention aux chofes les plus intéreffantes ; mais comme l'a dit le confident de la nature , le favant Pline. " La terre nous

donnoit autrefois ses fruits avec abondance, elle prenoit pour ainsi dire plaisir à être cultivée par des char-
rues couronnées de lauriers ; & pour correspondre à
cet honneur, elle multiplioit de tout son pouvoir ses
productions : il n'en est pas de même aujourd'hui, nous
l'avons abandonnée à des fermiers mercénaires, nous
la faisons cultiver par des esclaves où par des forçats,
& l'on seroit tenté de croire qu'elle a ressenti cet affront „.

La France perd encore près de la moitié de son revenu en bled par l'habitude qu'on a de laisser la moitié
des terres en jachere.

En Allemagne & en Flandre, la culture est bien dif-
férente & mieux entendue ; toutes les terres y rapportent continuellement, parce qu'elles sont bien soignées
& cultivées (a). Les fermiers Flamands emploient pour
engrais les matieres fécales : ils vont dans les villes les
chercher : ils afferment des latrines ; & au lieu que dans
ce pays-ci, il en coûte pour faire curer les fosses d'aisance ;
là, on vous donne de l'argent pour les vuider. Ces fer-

____

(a) Je remarque qu'il y a quelques terres auprès de Paris,
qu'on ne laisse jamais reposer, & qui produisent abondamment
du très-beau bled. Et les marais & les jardins reposent-ils jamais ?
Et y a-t-il bien de la différence entre des pois & du bled ? La
culture des terres en France, fait vraiment pitié : on n'y sait pas
encore seulement faire le fumier, excepté en Flandre & en
Bourgogne, encore dans ces pays, ne connoît-on pas bien le tem-
péramment des différens sols, & par-conséquent, la nature &
le régime d'engrais qui leur conviennent.

miers

miers de tems en tems vont verfer de l'eau dans ces foffes pour en faire un liquide alkalin. Les foffes font toutes fituées à l'entrée des maifons. Quand ils achetent la ftercoration ou qu'ils veulent employer cet engrais, ils le goûtent comme on goûte du vin.

On voit les jours de marché les filles groffes & graffes & vermeilles de ces fermiers, à qui ils donnent jufqu'à quatre-vingt & cent mille livres en mariage, revenir fur une voiture chargée de plufieurs tonneaux de cette matiere, & le long du chemin boire & manger à côté de ces caffolettes ; tant eft grande la force de l'habitude foutenue fur . tout par l'amour du travail , par l'induftrie & l'intérêt (*a*).

J'entends dire par.tout , que les bois font rares & chers ; le moyen qu'ils ne le foient pas : on en confume , on en emploie beaucoup plus qu'autrefois, & l'on n'augmente pas les plantations. On laiffe une multitude d'arpens de terre en friche. Et qu'on ne dife pas que c'eft une terre ingrate ! M. Duhamel, ce favant agronome, & beaucoup d'autres l'ont dit : il n'y en a point qui ne foit fufceptible de produire ; & d'ailleurs, quand on voyage dans le Poitou & la Bretagne , n'eft-on pas étonné d'y faire plus de cinquante lieues fans y trouver un feul arpent de terre planté d'arbres ou enfemencés ;

(*a*) *Dii laboribus omnia vendunt , facientes Deus adjuvat,* Varron.

tandis que l'on fait que la terre y eft propre au moins
à produire des arbres.

Les bois font chers ! & comment ne le feroient-ils
pas ! Dans un des pays de la France le plus abondant
en bois, dans la Lorraine, foit pour gagner davantage,
foit par rapport à la difficulté des débouchés, on les
vend aux Hollandois qui nous les revendent enfuite très-
cher pour notre marine. De même que nous avons dans
ce pays-là, aux environs de Remiremont, des fapins
d'une grandeur & d'une groffeur prodigieufe, & qu'on
laiffe périr de vétufté, plutôt que de les employer à la
charpente & à la ménuiferie, ou de les brûler pour en
tirer de la poix & du gaudron, & nous difpenfer d'a-
cheter fort cher à l'étranger, ces matieres fi néceffaires à la marine.

Une autre erreur encore en matiere d'agriculture,
c'eft que dans une infinité de pays on fait produire
au fol les chofes qui lui font les moins propres ; par
exemple, à Troyes où les terres font parfaites pour le
bled, les habitans ont la manie d'y planter des vignes
qui produifent en général un vin qui eft non-feulement défagréable au goût, qui a une prompte tendance
à l'aigreur, mais même eft nuifible à la fanté, parce qu'il
eft âpre, acéteux, mordicant, & que par conféquent, il
mine infenfiblement les paroies de la poitrine, & ronge
le velouté de l'eftomac, ce qui fait que la plupart
de fes habitans font frêles, pâles, livides, humoriftes,

fomb·es, mornes, un peu mifantropes, qu'ils ont auffi prefque tous la voix voilée, & que très-peu d'entr'eux, & des femmes même peuvent chanter.

A Bar-fur-Seine, au contraire, où les terres ne font propres qu'à la vigne, on s'avife d'y fémer du bled. Il faudroit donc tranfporter les vignes de Troyes dans le comté de Bar-fur-Seine. Enfin, il faudroit pour gradation faire de fembables réformes dans beaucoup de pays, & fur-tout aux environs de Paris. Il feroit encore à defirer que l'on donnât plus d'attention au commerce des cires & du miel, dont j'ai parlé plus haut en indiquant les moyens actifs pour faire revivre ce commerce. On devroit auffi s'occuper en France plus particuliérement du commerce des laines, conféquemment, y entretenir plus de páturages & de beftiaux. Ce feroit un des genres de commerce le plus avantageux pour la France, parce qu'elle pourroit en cela fe paffer de fes voifins, & affoiblir leurs richeffes par la concurrence.

On a calculé qu'en Angleterre, le produit des laines après qu'elles ont été travaillées, fait la cinquieme partie des revenus de l'état, & que l'exportation des étoffes de laine, monte à la quatrieme partie de ce qui s'en fabrique dans le royaume. Pour en augmenter le débit, il y a une loi qui ordonne d'enfevelir les morts dans des étoffes de laine. On peut juger d'après ce produit, ce que nous pourrions gagner. Mais pour cela, il faudroit lever la défence faite par l'ordonnance de 1699,

d'employer nos laines dans la fabrication des draps fins.
Il faudroit établir, comme en Angleterre, une commiſſion compoſée d'hommes intelligens & éclairés dans cette
partie, & qui en embraſſaſſent tous les rapports. Qu'il me
ſoit permis de former encore ici un vœu! Ce ſeroit
que l'on diſtribuât tous les ans dans la claſſe des cultivateurs, comme celle des commerçans, des lettres de
nobleſſe : elles ſeroient peut-être plus juſtement méritées.

Des eaux & forêts.

Les maîtriſes des eaux & forêts ſont un démembrement
qu'on a fait des baillages dans des tems où le beſoin
d'argent faiſoit inventer de nouvelles créations d'offices (a).

L'adminiſtration des eaux & forêts eſt devenue par-
là plus chere à tout le monde & n'en a pas été meilleure pour perſonne, excepté pour les officiers de maîtriſe. On a même tellement ſenti l'abus qui s'y eſt introduit de plus en plus, qu'il a été queſtion pluſieurs
fois de les ſupprimer, pour les rétablir ſous une nouvelle forme. Le plan de cette ſuppreſſion a même été

(a) Les fautes que font les hommes d'état ne ſont pas toujours libres; ſouvent ce ſont des ſuites néceſſaires de la ſituation où l'on eſt; & les inconvéniens ont fait naître les inconvéniens. (Monteſq. tome VI. chap. XVIII.

préparé, j'en parle pertinemment ; mais des circonftances en ont empêchés ou retardés l'exécution.

Il y a un tems infini que l'on dit que la France manquera de bois, & depuis ce tems, on n'a pas pris les mefures convenables pour n'en pas manquer. Aujourd'hui on commence à voir l'accompliffement de cette prédiction. Le bois eft très-cher dans les ventes. Si on ne s'apperçoit pas à Paris de fa cherté, en revanche, on s'apperçoit de fa mauvaife qualité. On fait que la provifion de cette ville a manqué cette année 1783, & il eft à craindre qu'elle ne manque l'année prochaine, car il arrive peu de bois, & les chantiers, excepté celui de l'isle Louvier, font peu garnis (a).

C'eft aux maîtrifes qu'on peut s'en prendre de cette rareté de bois : car elles confentent trop facilement aux coupes que demandent les évêques, les communautés religieufes & les communautés d'habitans. Le crédit de ceux-ci, la puiffance de ceux-là, la pauvreté des autres l'intérêt perfonnel enfin les y détermine.

Si une communauté d'habitans veut obtenir une coupe de bois, elle va trouver un officier de maîtrife, il faifit la propofition, engage ces gens à s'adreffer à un avocat au confeil pour préfenter une requête. Le confeil envoie la requête au grand maître. Celui-ci à

____

(a) Ceci pronoftiqué en novembre 1783, fe réalife aujourd'hui en février 1784.

E iij

la maîtrife du lieu. Elle eft d'avis d'accorder tout ce qu'on demande. Cet avis remonte de cafcade en cafcade. La requête revient au confeil qui rend un arrêt conceflif de la demande.

Ces officiers ne fentent pas qu'à force de vouloir être occupés & tirer par conféquent un gros revenu de leur office, ils s'expofent à ne plus rien avoir à faire pendant tout le tems qu'il faut aux arbres pour acquérir leur croiffance, c'eft-à-dire, une quarantaine d'années, & & peut-être même bien davantage, parce que dans bien des maîtrifes, on ne réferve plus que des baliveaux, pas plus gros, pour ainfi dire. que des fétus, & que le moindre effort du vent renverfe.

Il feroit fi aifé de bien adminiftrer cette partie ; car ce ne font pas les bois qui manquent, mais le bon ordre dans les maîtrifes.

Il eft à ce fujet une opération fimple à faire, c'eft de favoir d'abord ce que Paris, enfuite chaque province, confomme de bois année commune : que le miniftre des finances en faffe faire un état fidele : qu'il fe faffe donner celui de la quantité & qualité de bois de chaque maîtrife, & qu'il en rende compte au confeil ; alors le confeil arrétera tous les ans la quotité qui en doit être coupée dans ceux du clergé & des communautés.

Du choix des commis.

LE bonheur ou le malheur d'une nation dépend d'un ministre, & le bon ou le mauvais succès des entreprises d'un ministre, dépend d'un commis. Rien de plus important que le choix d'un commis intelligent, laborieux, honnéte; en lui repose, pour ainsi dire, le sort de l'état. Le ministre qui ne peut embrasser toutes les parties immenses de l'administration, est souvent obligé de s'en rapporter à lui.

Et si l'homme d'état n'est pas consommé dans l'art de connoître les hommes, il court de gros risques : son commis est un pilote qui peut le jeter contre des éceuils.

Le grand art ; la premiere science des hommes en place, doit être la science des choix ; c'est une vé it é dont ils ne sont malheureusement pas assez imbus.

On accorde les emplois à la faveur, à la brigue, comme si la faveur & la brigue donnoient du mérite à un homme. Un personnage qui arrive au ministere conserve les commis qu'il y trouve, sans considérer si ces commis sont honnêtes, probes ou non ; s'ils ont la capacité nécessaire ; si ce n'est pas leur impéritie, leur cupidité, tranchons le mot, leur fripponnerie, qui a causé la disgrace de son prédécesseur.

Je ne prétends pas qu'il faille sur-le-champ renvoyer des commis, parce que, comme ils ont pour le moment

la clef des affaires , la prudence veut qu'on s'en ferve,
pour fe faire rendre compte par eux du peu qu'ils favent
de l'état des affaires de leur département ; mais dès que ce
compte eſt rendu, que le nouveau miniſtre a tiré d'eux
les connoiſſances dont il avoit beſoin , s'il fufpecte leurs
talens , leur délicateſſe , leur déſintéreſſement , il faut
qu'il en appelle d'autres , & c'eſt là où doit fe manifeſter
fon difcernement , l'efprit de choix : *hic labor , hoc
opus.*

Qu'il évite fut-tout de fe laiſſer entraîner par le penchant de l'amitié , de l'attachement, même de la reconnoiſſance : qu'il ne donne pas ces places à des parens , à
des contemporains d'études , à des gens qui lui ont été
affidés pour fes affaires , s'ils n'ont véritablement tout
le mérite qu'elles exigent.

L'état paie aſſez cher les commis pour qu'ils aient
toutes les qualités qu'on doit en attendre.

Quelle réforme auroit à faire parmi les commis , un
contrôleur - général des finances qui voudroit fe donner
la peine de porter un coup . d'œil vaſte & perfpicace fur
la manutention & le régime des bureaux.

Il verroit que des premiers commis ont vingt mille
livres de rente , pour aller depuis onze heures juſqu'à
une , pour converfer avec les premiers venus d'affaires
qu'ils n'entendent pas ; & depuis cinq juſqu'à fept , pour
dicter une ou deux lettres , tailler une plume , fe couper
les ongles , fe curer les dents & parler nouvelles.

Il verroit combien de fois ces mêmes commis manquent de venir à leurs bureaux, & que dans toute une
année ils n'ont pas fait pour la valeur de vingt louis
d'ouvrage.

Il fauroit qu'au tréfor du roi il y a une foule de commis à cent louis, tant d'appointemens que de gratifications, qui y arrivent auſſi le matin à onze heures, &
s'enfuient à une : le foir, à cinq heures, & en font bien
loin à fept ; que même aſſez fouvent ils ne s'y pré-
fentent point les après-midi.

Il fauroit que des commis qui ont cinq à ſix mille
livres de falaire n'y viennent prefque point.

Il obferveroit que tous ces gens mal employés, au
bout de douze ans, font encore bien récompenſés, &
qu'on leur donne la moitié de leurs appointemens pour
retraite ; tandis qu'un militaire qui a épuiſé fa fanté, fa
fortune au fervice, le double de ce tems, n'a fouvent pas
la moindre récompenfe, & qu'un magiſtrat qui a pâli fur
les loix, qui a blanchi les fleurs de lys, qui a conſtam-
ment rempli la plus pénible fonction des rois, qui a foutenu même au milieu des plus grands orages, les colonnes
fondamentales de l'état, eſt entiérement oublié.

Il fe diroit d'après ce que j'ai vu, ce que j'ai appris,
il eſt certain qu'il y a au moins la moitié de commis de
trop. Que l'on donne les mêmes appointemens à la moitié de fes commis ; qu'on les choiſiſſe laborieux, ou
qu'on les oblige de l'être ; ils travailleront le matin,

depuis huit heures jufqu'à une , & le foir , depuis trois heures jufqu'à fept ; par-conféquent , il en coûtera moitié moins , & le travail fe fera auffi bien , même mieux , parce qu'il paffera par moins de mains (*a*).

Il eft inconteftable que fi cet ordre régnoit dans tous les bureaux de l'adminiftration , on ne verroit pas tant de jeunes gens quitter leur pays , déferter les campagnes qui regrettent en eux de bons cultivateurs , & l'on ne verroit plus tant de grands , payer leurs dettes en procurant ces emplois.

Du centieme denier & de la capitation fur les offices de judicature.

Sɪ l'on confidere que les juges des bailliages & préfidiaux ne retirent prefque aucun revenu de leurs offices , & que cependant ils rendent les plus grands fervices , lorfqu'on trouvera des moyens qui concilieront leurs intéréts avec ceux du prince , fans doute , on fera empreffé de les employer.

C'eft dans cette heureufe confiance que je propofe ceux - ci.

(*a*) Les promeffes , l'activité & les lumieres de l'adminiftrateur actuel des finances ne laiffent pas douter que s'il refte plus long-tems en place que bien d'autres , il ne s'occupe de cette partie.

Je ne ferai fûrement pas taxé de me laiffer guider ici par l'intérêt perfonnel , & quel autre interêt peut m'animer , que celui de défendre contre les corfaires de la finance , un corps d'hommes refpectables & effentiellement utiles , & de procurer au gouvernement l'occafion flatteufe , fi ce n'eft de rendre juftice , au moins de récompenfer.

Voici donc les moyens que je crois pouvoir propofer. On fait que dans tous les préfidiaux , les plaideurs qui appellent d'une juftice y reffortiffante , & qui perdent leurs procès , font condamnés à une amende de fix francs. Pourquoi cette condamnation n'a-t-elle lieu qu'envers ceux qui plaident par appel ? C'eft que dans le tems on n'a pas penfé que fi un homme méritoit une petite punition pour pécher deux fois , il en méritoit une plus petite pour n'avoir péché qu'une fois. Or, certainement , celui-là peche aux yeux de la loi , qui fuccombe dans une premiere inftance.

Conféquemment je crois qu'on pourroit fixer une une amende de trois livres pour tous ceux qui perdroient leurs procès , foit au bailliage , foit au préfidial : excepté en caufe d'appel , puifqu'il y a déja une amende à cet égard.

Cette légere fomme de trois livres ne feroit guere plus d'impreffion fur les efprits que fur les bourfes. Les gens qui font attaqués de la plaidomanie ne s'en effraieroient pas ; ceux qui plaideroient par néceffité , ne s'en épouvanteroient pas non plus ; & quand même cela mettroit un frein à la chicane, que cela arrêteroit les progrès de l'art de la procédure, feroit-ce un mal ? Au furplus, on peut prefque affurer que cela ne changera rien à cet égard.

Ainfi la feule objection qu'on auroit peut-être à faire par rapport au papier timbré, feroit fans fondement.

Sans contredit, cette fomme de trois livres répétée à l'infini, donneroit un produit annuel qui équivaudroit à celui du centieme denier que les juges doivent payer, & l'outre-pafferoit même ; car, combien d'entr'eux ne le paient pas du tout.

Au Châtelet, (& je ne puis citer un exemple plus plaufible, puifque c'eft la premiere jurifdiction du royaume) il fe juge annuellement environ quatre mille caufes, ce qui produiroit à trois livres d'amende, douze mille livres ; il y a foixante-quatre confeillers qui donnent chacun cent quatre-vingt livres de centieme denier, ce qui fait un produit de onze mille cinq cents vingt livres, d'où il fuit qu'il y auroit au moins compenfation. On peut partir de ce calcul pour les autres jurifdictions. Le nombre des caufes n'y eft pas à la vérité fi confidérable ; mais auffi le centieme denier n'eft pas fi fort, les offices étant en moindre nombre & à un bien plus bas prix.

D'après cela, on peut juger, s'il n'eft pas plus jufte & plus naturel que le commun des plaideurs fourniffe aux beſoins de l'état, que le juge qui ſacrifie ſon tems , ſa fortune & ſa vie au ſervice de l'état, & de ces mêmes plaideurs.

La plupart des bailliages & préſidiaux ſont déſerts , manquent de juges, parce que les ſujets n'y ſont que très-foiblement attirés par l'honneur : cet air inflamma-ble des cœurs qui les éleve, qui les ſoutient & qui les fait planer au-deſſus du vulgaire. Que ces ſujets même n'y trouvent aucune ſtimulation d'intérêt, aucune titil-lation d'amour - propre , point de prérogatives, nul pri-vilege, pas même l'exemption de logement de gens de guerre : qu'au contraire , ils ſont obligés de payer le centieme denier & cinquante écus de capitation (*a*) pour une charge qui ne leur rapporte qu'une légere ſomme de conſidération , parce que la conſidération ne ſe donne plus qu'à la richeſſe , & qui toutefois procure à quel-

---

(*a*) Si la capitation qui ſe paie par retenu ſur les gages des offices n'eſt pas arbitraire , elle eſt injuſte , puiſque c'eſt un impôt perſonnel , qu'on devroit proportionner à toutes les facul-tés de ceux qui ſont impoſés , & qu'il y a ſouvent une très-grande différence de fortune entre ceux que poſſédent une charge ſemblable , & cependant ils paient la même capitation.

Le roi eſt ſupplié de faire conſtater , s'il eſt vrai , que dans beaucoup de villes on impoſe chaque année tous les officiers de juſtice à une capitation plus forte que celle qu'on peut leur faire payer , ce qui les force à venir demander une grace à l'intendant , & les met ainſi dans la dépendance abſolue des magiſtrats. (*Remontrances de la cour - des - aides de Paris , du 6 mai* 1775.)

ques-uns la petite & vaine fatisfaction de promener une robe rouge (*a*).

On ne manquera pas de dire , & peut-être même de s'écrier fur le moyen que je propofe à caufe de la circonftance où l'on s'occupe de réduire les frais de juftice, qu'il y en a déja affez.

Ma réponfe eft fimple & coucluante, c'eft qu'il n'eft queftion que de la réforme des frais du parlement, & que ce que je propofe ne peut regarder que les requétes du palais où l'on ne juge pas *parlementairement*, mais bien, fauf l'appel en la grande chambre. Qu'au furplus les frais confidérables font ceux qui fe perçoivent au nom du roi, & que fi toutes les taxes qui y font impofées étoient auffi fondées que celle dont je parle, perfonne ne s'en plaindroit, & pas plus que de celle

---

(*a*) Le luxe de la parure eft porté à un fi grand excès que les fimples bourgeoifes fingent la cour & mettent du rouge. Il en eft de même d'un certain nombre d'officiers de tribunaux inférieurs; ils ont voulu porter du rouge ; ils ont demandé & obtenus la permiffion de s'envelopper de quelques aunes d'écarlate. La juftice en province même eft devenue coquette, & le noble coftume qui ne devoit être réfervé qu'à la majefté de la cour des pairs , fe prodigue, & en voyant nos badeaux d'aujourd'hui, c'eft le cas de dire en jouant fur le mot, qu'on doit rougir d'être rougi ; mais ce qu'il y a encore de fingulier, c'eft que les officiers qui veulent porter cette grande livrée de Thémis, font obligés de la payer, & fort cher ; car outre l'étoffe, il faut encore gager un homme exprès pour aider à en foutenir par derriere le fuperflu.

qui exifte rélativement dans les caufes d'appel. On dit
à préfent aux plaideurs : pourquoi plaidez - vous par
appel une caufe qui ne vaut rien ? On leur dira alors :
pourquoi plaidez-vous en premiere inftance une mauvaife caufe ?

Du luftre & de l'encouragement qu'il eft néceffaire de donner à la magiftrature.

L'ÉTAT du magiftrat, confideré fous fes vrais points
de vue, eft le plus pénible de tous les états, & aucun
ne donne moins davantage. Il a méme beaucoup perdu
de la confidération qui y étoit attachée. Si l'honneur
en fait toute la richeffe : au moins faut-il l'y maintenir
& le modeler fur les tems, les lieux & les circonftances.
Or, le vrai moyen de l'y foutenir, & on peut dire de
le ranimer, eft de donner des marques extérieures, comme
des cordons & des croix, à des magiftrats qui ont fervi
long-tems, ou qui fe font diftingués par leurs travaux.

On peut diftribuer dans ce corps des cordons de couleur blanche, rofe ou violette, avec des croix portant
d'un côté l'image du roi, & de l'autre une thémis, &
la thémis brodée fur l'habit, pour ceux qui auroient le
grand cordon.

Ces récompenfes flatteufes devroient être diftribuées
avec le même ordre & la même économie que dans
l'état militaire : au lieu que le petit nombre de celles

que l'on accorde actuellement ne le font pas. Par exemple ;
à préfent un lieutenant-général dont l'aïeul & le bifaïeul
ont été auffi lieutenant-généraux , obtient le brevet de
confeiller d'état , & un confeiller qui a eu fes auteurs les
plus reculés auffi confeillers , finit comme eux avec ce
feul titre , & après avoir exercé pendant dix & vingt ans
fes fonctions , il ne pourra pas même être reçu confeiller au parlement , s'il n'eft pas noble. Encore autrefois , au bout de dix ans , il pouvoit être reçu *de plano*
maître des requêtes. Aujourd'hui , s'il fe fent affez de
fortune & de lumieres pour paffer au confeil , auroit-il
quarante ans de fervice , feroit-il à la tête d'un baill-
lage ; qu'il faudroit qu'il allât fe mettre aux derniers
rangs d'une cour fouveraine pendant plufieurs années ,
pour être digne d'entrer dans le corps des maîtres des
requêtes , & fi fon bifaïeul n'a pas acheté une charge
de fecrétaire de Sa Majefté , il ne pourra fe préfenter
qu'à une cour-des-aides , où chambre des comptes. En
fera-t-il plus habile ? non. Il aura à-peu-près oublié les
loix du royaume , pour apprendre à connoître des procès
verbaux , de commis de barriere , ou à compter comme
barême ; mais il fera devenu apte à pouvoir payer le
droit de caffer des arrêts , de diriger différentes parties
de l'adminifttation , de fous-regner dans une province ,
& enfuite de tenir dans fes mains , les deftins de la
nation.

On fe plaint de la confufion que l'habit met dans

les

les états à Paris. Eh ! qu'eſt-ce qui doit s'en plaindre
plus que la magiſtrature ? Ses officiers les plus inférieurs,
toutes ſortes de marchands, les plus bas artiſans juſqu'aux ſavetiers, portent l'habit de magiſtrat ; il n'y en
a pas de plus commun, ſoit parce qu'il eſt le plus économique & le plus noble ; ſoit parce qu'il eſt conſacré
au deuil. Et les cheveux longs que portent les clercs,
les garçons marchands, & les gens du peuple endi-
manchés, n'eſt-ce pas une eſpece de dériſion, de pro-
fanation.

Lorſqu'on a imaginé l'uniforme noir de la juſtice, on
n'a certainement pas penſé qu'il ſeroit compromis juſqu'à ce point-là.

Dans les premiers tems que j'étois à Paris, (& je crois,
ſans vanité, que je puis ici parler de moi) j'ai vu arriver
chez des femmes de qualité, des cordonniers en perruques
à circonſtances & dépendances, ſouliers bronzés, habit
noir ſuperfin, & riches dentelles. Chez des ſeigneurs,
des tailleurs, avec des coëffures artificielles flanquées
de tous les compartimens à la mode, & donnant gra-
vement à la tête une forme quarrée, des habits de ve-
lours noirs, des manchettes de point & un ſoulier ſi
luiſant, qu'il annonçoit que celui qui le portoit, de-
meuroit la plupart du tems en voiture : j'avoue ingé-
nuement que je pris d'abord ces perſonnages pour des
préſidens ou au moins des conſeillers ; mais lorſque j'ai
vu tout doucement tirer la meſure, ma ſurpriſe a aug-

menté à proportion que la mesure sortoit de la poche.
J'étois si neuf alors, j'avois encore tellement l'empoix
de la province, que je n'osois faire part à personne de
mon étonnement, & cet embarras l'augmentoit de plus
en plus. J'étois bien-loin de m'imaginer dans ces mo-
ment-là que je me dédommagerois un jour de ce
silence en publiant mes pensées.

Combien de personnes ont été témoins de ces scenes
scandaleuses qui se sont passées dans les spectacles rélativement à des magistrats jeunes, mais de haut rang,
qui, sous leur habit de caractere, ont été pris pour des
petits clercs, &c.

J'ai été quelquefois chez des notaires, des procureurs, des greffiers, des commissaires, parce que, pour
ne pas être dupe, je fais mes affaires moi - même. Eh
bien! Tous ces gens là qui, je puis le dire sans osten-
tation, sont mes inférieurs, me recevoient avec un
air de grandeur, sans bouger de leur siege, sans m'en
offrir un, & sur mon nom & mes qualités se levoient
comme par transport, renversoient leurs meubles pour
me présenter une délassante où je pus revenir de mas-
tupéfaction, me demandoient des excuses jusqu'à extinction de voix, & s'épuisoient en civilité. Assurément si
j'eusse eu sur mon habillement une marque distinctive,
ils se seroient évité le ridicule de l'impolitesse, le désa-
grément de m'en faire des excuses, & je n'aurois pas
celui d'en parler ici. Au surplus, ce que je dis là, d'au-

tres perfonnes d'un rang plus élevé que moi, le diront de même d'après leur expérience perfonnelle.

Il eft donc néceſſaire, & même indifpenfable fi l'on veut donner du luftre à la magiftrature & la retirer de la léthargie dans laquelle elle agonife, de rendre fon vêtement plus refpectable , d'empêcher qu'il ne foit porté par toutes fortes de perfonnes indignes de le porter, & qui fouvent même l'aviliffent & le déshonorent (a).

En deux mots, on peut ajouter fimplement à l'habit des magiftrats, un parement rouge, brodé en foie noire, donner le chapeau à plumet à ceux qui ont la nobleffe , la broderie fur le parement rouge en foie noire & jaune mêlées, aux confeillers de cour fouveraine, foie noire & or aux préfidens , & la broderie en or feul aux premiers préfidens, aux lieutenans généraux civils de police criminels & particuliers comme aux confeilliers de cour fouveraine; enfin , leur permettre à tous de porter le deuil, avec cet habillement, & feulement un crêpe autour du bras.

L'on . me pardonnera d'être entré dans ces petits

(a) Il faut qu'un état périffe , dit M. Dethou, quand ceux qui le gouvernent ne diftinguent plus les honnêtes gens des malhonnêtes gens. *Eam civitatem interire neceſſe eſt , cujus perfecti probos ab improbis difcernere nefciunt.*

Ils ne font malheureufement guere plus diftingués en France par leur caractere que par leur habit.

détails, en considérant que si je n'y étois pas descendu, peu de gens, pour ne pas dire personne, ne prendroient cette peine, qui, quoique minutieuse en apparence, au fonds est très-importante.

Du parlement de Paris.

Si le parlement de Paris est le tribunal suprême, où l'on rend le plus grandement, le plus majestueusement la justice, il faut convenir aussi, qu'elle y est la plus couteuse, & qu'elle est d'une cherté effrayante. En vérité, on ne peut pas entrer dans le palais de la justice, qu'on n'éprouve un certain frémissement de terreur & d'effroi. On diroit que l'on entre dans cette fatale enceinte, où l'on donne à un public encore avide de sang, l'affreux spectacle d'un taureau qui combat. On se représente un pauvre plaideur au milieu des supports effrénés de la justice, comme ce malheureux taureau environné d'une multitude d'animaux échauffés, furieux, acharnés à sa destruction, & qui ne lâchent prise que lorsqu'il est accablé, qu'il tombe, qu'il est tombé.

Le plaideur ainsi victime d'une voracité meurtriere, descend dans l'arêne de la chicane : là, on commence par le couvrir de fleur, par l'étourdir. Bientôt, il est vivement attaqué, il se défend avec vigueur. On le

preſſe , il preſſe à ſon tour, il s'avance, ſe retire , s'a-
vance encore. Tantôt il brave tout, tantôt il tremble.
Ici il fait une fauſſe attaque, là, il eſquive. Enfin, la
charge redouble ; toutes ſes forces redoublent auſſi.
Courageux , téméraire , intrépide , il court, il s'élance,
il vole de tous côtés, frappe de toute parts. La victoire
ſemble pencher de ſon côté. Déja la joie brille ſur ſon
front ; mais bientôt la douleur va en prendre la place.
Les deſtins ſont conjurés, l'oracle eſt interrogé : il a
prononcé , & ſon arrêt eſt un coup de foudre , qui
renverſe toute eſpérance, toute fortune. La victime eſt
tombée ſous le glaive de la juſtice, & ſes ſacrificateurs
féroces, ont déja bu tout ſon ſang (*a*).

____

(*a*) Voici ce que je trouve à ce ſujet dans un livre qui me
tombe ſous les mains. " Les ſieurs Thevenot & Perrin de Boiſſieux , de Paris , avoient un compte à régler avec leur caiſſier ;
ils étoient en conteſtation pour une ſomme de cinquante - huit
livres ſeulement ; cette bagatelle ayant échauffé les eſprits, ils
s'en remirent à leurs procureurs , qui loin de les accommoder,
s'entendirent pour les aigrir , & les engagerent dans une chicane monſtrueuſe. L'attaque commença en 1714, & ces deux
ſuppôts de l'iniquité ont perpétué leur procédure juſqu'en 1735 ;
enfin il intervint un jugement ſur les différentes productions
de quatre-vingt-dix ſacs de paperaſſe. Ce jugement a alloué les
cinquante-huit livres au caiſſier ; mais la victoire lui coûta plus
de ſept mille livres de faux frais , ſans les démarches & les
inquiétudes ; & les ſieurs Thevenot & Perrin de Boiſſieux,
pour avoir mal-à-propos conteſté , ont payé ces cinquante-huit
livres , & plus de douze mille livres de dépens. Le procureur du
demandeur , nommé Fournier , a laiſſé à ſa ſucceſſion plus de

O hommes jufqu'à quand vous entre-détruirez-vous ? jufqu'à quand dans l'ombre du crime, méditerez vous la haine de vous-même ? Jufqu'à quand vous ferez-vous un plaifir d'être cruels ? Les bêtes les plus féroces ne fe nuifent pas, un ancien proverbe dit, & un proverbe eft une maxime refpectable, un proverbe dit que les loups ne s'entre-mangent point, & vous vous dévorez ; vous foulez aux pieds les loix facrées de la fociété ; vous étouffez les premiers fentimens de la nature : vous violez fans pudeur les droits de l'honneur & de l'amitié : tout en feu, tout hors de vous-même, vous courez après un fantôme que vous nommez fortune à travers les fourberies, les fraudes, les perfidies, l'avarice, & tous les vices enfantés par le vil intérêt.

Il eft trifte, il eft affligeant, je le fens, de repréfenter des vérités auffi honteufes pour l'humanité : mais confolons-nous, le chef illuftre de la magiftrature, dont le zele pour le bien public brille de l'éclat le plus doux & le plus pur : les magiftrats vertueux, qui veillent au maintien des mœurs & des loix, s'occupent & s'occuperont fans ceffe de remédier aux abus qui fe font multipliés à l'infini dans le lieu faint, où tout doit être facré dans le temple de la juftice.

---

cinq cents mille livres ; & celui des défendeurs, appellé Socquet, vient de mourir, revêtu d'une charge de fecrétaire du roi, & laiffe plus de vingt mille livres de rente. „ Bonne leçon pour les plaideurs.

A dieu ne plaife, que dans le tableau effrayant, mais fidele que j'ai préfenté, des officiers fubalternes de la juftice, j'aie entendu les comprendre tous. Ce que j'ai dit relativement à ceux du parlement, peut regarder ceux des autres tribunaux ; mais je fais, & par expérience, qu'il eft des diftinctions à faire , qu'il en eft des hommes dans la fociété comme des arbres dans un jardin : tous ne portent pas de fruits, où les uns en portent de mauvais, & les autres de bons. Je m'empreffe de rendre la juftice à qui elle eft due, & c'eft même un devoir que je dois remplir plus qu'un autre. Je dirai donc, avec tout le plaifir, que tout homme honnête doit reffentir à dire du bien de fes femblables, qu'un certain nombre des procureurs en la cour & des officiers inférieurs de juftice, rempliffent leur état avec des fentimens qui doivent les faire eftimer, & leur attirer même plus de diftinction de la part du gouvernement ; je dis leur attirer plus de diftinction : en effet , des auteurs prétendent, que les procureurs dérogent; d'autres prétendent le contraire. Ce qu'il y a de certain, c'eft qu'un procureur n'eft pas reçu échévin de Paris, & ce qu'il a de bizarre , c'eft qu'il ne peut pas poffÉder conjointement avec fa charge, celle de fecré du roi ; tandis que les notaires , qui font au-deffous deux, jouiffent de cet avantage.

Je ne rappellerai point tout ce qui a été dit, & ce que tout le monde doit favoir relativement au parlement. Si j'avois à écrire fon hiftoire, dont le premier fil eft perdu dans la nuit des tems, je le comparerois à un fleuve majeftueux, dont la fource fe perd dans les terres les plus reculées, qui fouvent a changé de lit, dont les eaux fe font utilement débordées, & qui enfin a heureufement repris fon cour naturel. Je dirois...; mais ce que je pourrois dire, feroit fuperflu: des plumes habiles ont mieux faifi tous les traits de ce corps politique, que la mienne ne le pourroit faire.

Il eft une feule obfervation que je me permettrai fur le parlement, & qui ne peut que lui être agréable; car je vais difcuter devant lui-même la caufe de la nation, & c'eft parler à un amant de fon amante.

Le parlement de Paris, a fait depuis peu un arrêté, par lequel il a pris la réfolution de ne recevoir dans fon corps, que des perfonnes qui auroient trois degrés de nobleffe.

Je n'examinerai pas fi le parlement a le droit de faire un tel arrêté fans le concours de la nation ou du roi fon premier repréfentant; fi ce n'eft pas détruire une loi auffi ancienne que le parlement même, puif-que les princes ont attaché la nobleffe aux charges de confeillers au parlement, & entendu par-là, qu'elles fuf-fent poffédées par des roturiers, & non par des héritiers de trois quartiers de nobleffe; fi, par la même raifon, que le fouverain ne peut créer une loi fans le vœu de parlement, celui-ci peut également en établir une fans l'agrément du fouverain ; fi cet arrêté n'eft pas une loi, qui, quoique tacite, n'a pas moins force de loi, & fi elle ne touche pas aux intérêts même les plus facrés de l'état & du prince.... Il ne m'appartient pas de toucher à l'arche.

Mais je dirai, en premier lieu , & je puis le dire avec toute raifon, que lorfque le parlement a fait cet cet arrêté, il n'a pas confideré qu'il travailloit contre lui-même, qu'il éloignoit pour jamais de lui des fujets.

En effet, quel eft l'homme qui, s'il compte trois générations de nobleffe qui font bien fuffifans pour lui faire tenir un des premiers rangs dans le monde , à moins qu'il ne foit tourmenté d'une exceffive ambition, ira facrifier foixante - dix , quatre-vingt mille livres pour être en quelque façon l'homme d'affaire du public, & d'un public prefque toujours ingrat ? Je dis facrifier , puifqu'on fait qu'une charge de confeiller au parlement pendant vingt , trente ans , & quelquefois même plus , ne rapporte rien, ou très - peu.

En fecond lieu , que fi dans certains parlemens de province, entr'autres dans celui de Bretagne , on ne veut illégalement que des nobles, & on en trouve , c'eft que dans cette province la nobleffe eft fort commune, que les charges y coûtent plus de moitié moins qu'à Paris, que la repréfentation & la vie y font beaucoup moins difpendieufes, puifqu'une partie de l'année les magiftrats y mangent enfemble à l'auberge à table d'hôte,

& que leurs femmes vont vivre fobrement dans les campagnes, que leurs logemens ne font ni beaux ni chers;
car le premièr préfident même, demeure dans une petite maifon à petite allée & à petite porte; qu'enfin leur
charge les fait jouir de plus de diftinctions, proportions gardées, puifqu'ils tiennent le premier rang, &
qu'à Paris, un confeiller au parlement, eft éclipfé par
de plus grands perfonnages.

En troifieme lieu, que c'eft faire diminuer le prix des
charges, & faire tort par-là aux propriétaires de ces charges, ce que l'expérience ne confirme que trop, puifque depuis ce tems, de foixante-dix, quatre-vingt mille francs,
elles font tombées à foixante, encore ne fe préfente-
t-il point d'acquéreurs, & dans ce moment-ci, il y en au
moins dix à vendre.

En quatrieme lieu, que c'eft ôter à la nation un de fes
plus beaux droits. Car puifqu'elle eft compofée de trois
états, de la nobleffe, du clergé & de la roture, & qu'on
refufe des membres de fon tiers-état qui étoient appellées
par la loi, par le pacte national à la juger, c'eft inconteft a-
blement porter atteinte à fes droits, c'eft enlever à la
partie la plus foible, au peuple fes pairs, fes défenfeurs naturels, fes amis.

Ç'a toujours été pour le maintien de ces droits facrés
de la nation, que les princes ont compofé les parlemens de gens d'églife, de gens nobles, & de roturiers.
Voilà pourquoi ils ont conféré la nobleffe à ces char-

ges , parce qu'autrement il étoit inutile de l'y attacher. Voilà pourquoi Charles VI a rendu le 7 Janvier 1400 , une ordonnance qui porte *que l'on mettra dans le parlement de Paris de bonnes personnes sages , lettrées , experts & notables , sans aucune faveur ni acception de personnes ; qu'on y mettra entr'autres des personnes nobles qui soient capables , & qu'autant que faire se pourra , on en mettra de chaque pays qui connoissent les coutumes des lieux* ; laquelle ordonnance fait bien voir que l'intention de ce roi n'étoit pas que le parlement fût composé de tous gens nobles , d'en exclure irrévocablement les roturiers , mais bien d'y fixer un certain nombre de nobles , ce qui s'entend par ces mots *entr'au_tres* , & encore n'a-t-il pas calculé le nombre des degrés de noblesse.

Enfin , je dirai , que le parlement n'offrant point à la noblesse des ressources comme l'état militaire & celui de l'église ; qu'en général , la noblesse étant peu fortunée , on ne peut pas s'attendre à y trouver toujours suffisamment de sujets pour remplir des charges aussi onéreuses.

Ces charges devroient être la récompense de magistrats qui auroient travaillé pendant dix ans dans les tribunaux inférieurs , & les charges de ceux-ci , la récompense d'une personne qui auroit exercé pendant dix ans la profession d'avocat.

Aujourd'hui l'on ne reçoit plus guere dans les tribunaux des sujets qui aient l'âge requis par les ordonnances, difpenfe qui ne devroit être accordé qu'à certains fils de magiftrats diftingués qui, dès leur berceau, font cenfés avoir été élevés dans les principes & les mœurs de la magiftrature. Aujourd'hui, combien de confeillers de cour fouveraine, de maîtres des requêtes & même de commiffaires départis qui n'ont pas atteint la majorité civile ! Auffi voit-on des confeillers fouverains, fans favoir, des maîtres des requêtes peu inftruits, & & des commiffaires départis, avoir la fcience d'apprauvrir leur province, de fe ruiner eux - mêmes, d'employer les moyens les plus bas pour fe procurer de l'argent. Et pour l'amour du bien, pour le falut, peut-être, d'une province entiere, je fuis obligé de le dire, j'ai la preuve en main, qu'un d'entr'eux emprunte fous le cautionnement de fon fecrétaire : ce qui prouve tout à la fois , & la baffeffe de fes fentimens, & le peu de cas qu'on fait de lui ; cependant, je ne le déshonorerai pas jufqu'au point de le nommer publiquement, & d'ailleurs, la province qu'il a maltraité, l'a inutilement affez fait connoître.

De la Cour - des - Aides.

LA cour - des - aides juge par appel, & en dernier reffort, tous procès tant civils que criminels, au fujet des aides, gabelles, tailles & autres impofitions.

On reçoit, dans les cour-des-aides, notamment dans

Celle de Paris, des fils, des freres, des neveux, des gendres de fermiers généraux & autres financiers du même genre : s'il est quelqu'un qui puisse dire, que ce ne soit pas un abus, un très-grand abus, & qu'il soit dans l'ordre qu'un fils juge son pere, qu'un frere juge son frere, un neveu son oncle : je lui répondrai, & alors je m'engagerai dans une longue dissertation à ce sujet.

Du Châtelet.

Le châtelet est la premiere justice royale du royaume. Aucune jurisdiction n'a un ressort plus étendu, plus de droit, & ne laisse plus perdre & ses affaires & ses droits, tant il est vrai, que tous les corps en vieillissant perdent leur force.

A l'égard des affaires, en voici la raison, les officiers subalternes du parlement en trop grand nombre & ceux des consuls également avides de butin, attirent à eux tout ce qui s'y présente, leur devise est *qui potest capere, capiat*, & on ne peut trop les en blâmer. Le Châtelet devroit faire les représentations convenables à ce sujet. Il devroit aussi avoir à toutes les audiences des consuls, un de ses avocats du roi, pour y réclamer les causes de sa compétance. Il a quatre avocats du roi, ainsi un d'entr'eux peut faire ce service, ou à sa place un conseiller faisant les fonctions du ministere public pour l'absence au terme de l'ordonnance.

Il eſt un autre raiſon pour laquelle le Châtelet eſt ſouvent dépouillé. C'eſt que l'on n'y expédie pas aſſez , & que les audiences ne ſont pas tenues comme elles pourroient l'être. Ce qui eſt cauſe que l'on n'expédie pas aſſez , c'eſt d'abord , parce que les procureurs y ſont en trop grand nombre , que la plupart ſont trop jeune, trop livrés au luxe , au plaiſir , à la diſſipation , & qu'ils achetent trop cher leurs charges ; un quart d'eux gagne dans ſon état ; l'autre quart ſe ſoutient ; l'autre végéte , & l'autre meurt de faim. Ceux qui s'enrichiſ-ſent , traitent les affaires très-leſtement. Ceux qui ſe ſoutiennent les menent tout doucement. Ceux qui vé-gétent les conduiſent négligemment , & ceux qui meu-rent de faim , les abandonnent.

De là l'inſtruction des affaires ſe fait , on ne peut pas plus mal au Châtelet. De là cette inſtruction eſt très-lente , très-tardive ; de là on ne voit pas la fin des procès. Enſuite les parties ſe plaignent aux juges , & des juges. Le public murmure & crie à tort & à travers. Au bout de dix ans , un procureur produit une affaire entre les mains d'un rapporteur. Sa partie vient le voir, lui demander des nouvelles de ſon affaire. " Votre af-faire, dit-il , ne dépend pas de moi : voyez , preſſez votre rapporteur.,, Eſt-elle à l'audience : il conſeille de ſolliciter M. le lieutenant civil ou M. le lieutenant particulier. La partie court chez les juges crier qu'il y a dix ans que ſon affaire dure , emploie toute ſorte de crédit, de protections, & fait entendre que c'est une justice absolue de la juger tout de suite. Tandis que sur les rôles & dans les cabinets, il y en a une multitude de placées & produites avant la sienne.

Ce qui est encore cause que l'on n'expédie pas, c'est que les audiences ne sont pas tenues comme elles devroient l'être. Effectivement l'audience, au lieu de commencer à neuf heures & quelquefois plus tard, devroit toujours commencer à sept heures, conformément à l'ordonnance de Charles VIII de l'année 1495, qui porte *que le prévôt de Paris viendra en tout tems au Châtelet à sept heures du matin pour entendre au fait de son office.*

Bien de gens se laissent juger par défaut, & évitent ainsi le degré de jurisdiction, c'est là aussi ce qui a fait perdre au Châtelet le *committimus*, qu'on a renduaux requêtes de Palais, & ce qui a déterminé à rétablir cette chambre.

On perd tous les jours une heure d'audience à donner des défauts & à en rabattre. Pour abréger cette opération, l'on devroit comme au palais, n'accorder jamais plus de trois remises.

Lorsque les avocats ont assez plaidé pour que leur cause soit entendue, il faudroit leur dire chaque fois, & ne pas le laisser parler en pure perte de mots & de tems, ce qui arrive souvent au Châtelet, sur-tout quand un avocat n'a pas assez étudié sa cause, où qu'il n'est pas bien convaincu de la solidité de ses moyens.

Il faudroit auffi afficher toutes les caufes dans l'an-
ti-chambre de la falle d'audience, afin que non-feulement, les procureurs & les avocats fe tinffent prêts,
mais afin que les parties en fuffent inftruites, y
veillaffent & jugeaffent par - là fi elles éprouvoient
des retards, des défauts, ou déboutés d'oppofition,
que c'eft par la faute de leurs procureurs ou avocats.

Il feroit à propos qu'il y eut toujours au moins
un des gens du roi, depuis le commencement jufqu'à
la fin de l'audience, au lieu qu'ils y arrivent prefque
toujours tard, & que quelquefois il n'y en vient point
du tout (*a*).

Il feroit néceffaire, au moyen de ce qu'on donneroit
deux heures d'audience de plus, en entrant à 7 heures,
d'affigner une heure favorable, comme onze heures aux
avocats du palais. Voici même ce que je ferois fi j'a-
vois le très - onéreux honneur d'être lieutenant civil :
je tiendrois une audience depuis fept heures du matin,
jufqu'à neuf heures précifes pour les caufes fommaires,
& celles de peu de difcuffion. A neuf heures, je vaque-
rois aux affaires de cabinet, ou je rapporterois celles
du porte-feuille, comme les interdictions, les tutelles,

(*a*) Les avocats du roi au Châtelet, font pour ainfi parler,
des paffe-debout. Ce tribunal avoit obtenu, il y a quelques
années, d'avoir un avocat du roi perpétuel. On fent combien
cette inftitution étoit fage & utile ! Mais *tranfivi & jam non
erat.*

les

les réformations, de noms fur les regiftres des paroiffes &c. A dix heures, je tiendrois une autre audience
jufqu'à midi, qui s'appelleroit la grande audience; elle
feroit pour les grandes affaires. Je demanderois que les
fervices de chaque colonne fuffent de deux mois, car
l'expérience prouve qu'un mois eft trop court pour leur
fervice, fur - tout, au parc civil. Je fixerois le 25 de
chaque mois, qu'on nommeroit le grand jour d'audience,
pour être uniquement confacré aux plus grandes affaires,
ent'rautres, à celles dans lefquelles les gens du roi
portent la parole. Je n'ai pas befoin de dire, que fi le
25 tomboit un jour de fête ou de vacances, alors on
prendroit un autre jour. Je demanderois encore qu'il y
eut une chambre de vacations permanente. Il eft étonnant, que dans un tribunal comme le Châtelet, il n'y
en aie point : qu'en vacances les confeillers de chaque
colonne aient la liberté de venir ou ne pas venir accompagner fur le fiege le lieutenant civil, & le lieutenant criminel. Je prierois M. le lieutenant criminel,
de tenir fes audiences en vacations dans d'autres jours,
que celles où tiennent celles du parc civil, ou de ne
les tenir qu'après, parce que ces audiences fe nuifent
& s'enlevent mutuellement des avocats & des juges.
Je proposerois de faire tenir tous les ans l'une & l'autre
audience par feize de MM. les confeillers, à prendre
par le doyen, après les quatre premiers, & le dernier
confeiller, le fecond doyen, & l'avant dernier con-

feiller , ainfi de fuite ; par ce moyen , fur foixante quatre juges , on ne fe trouveroit guere que tous les trois ans de la chambre de vacations. Enfin , je repréfenterois qu'un magiftrat feul , ne peut pas fupporter tout le fardeau d'une audience, comme la chambre civile, la chambre de police & la chambre criminelle , & qu'il doit être accompagné au moins de deux confeillers ; en effet , dans ces trois chambres , fur-tout à la chambre civile , il fe préfente fouvent des affaires très-ardues, & capables d'embaraffer le juge le plus confommé ; d'ailleurs , il peut avoir quelque momens de préocupations ou de diftractions ; car, quel eft le juge qui puiffe réfifter aux paffions , qui foit affranchi des foibleffes humaines ? il n'y en a point : & qu'on ne dife pas qu'il a la reffource de mettre une caufe en délibéré ; car , quelle reffource que celle de prolonger les affaires ; d'ailleurs , il les jugera toujours feul , & l'homme feul condamnera des hommes.

A l'égard des affaires de rapport , autrefois, & il n'y a pas quinze ans de cela , les appointemens au Châtelet n'étoient diftribués qu'aux confeillers qui avoient dix ans de fervice , qui étoient de la chambre où ces appointemens ainfi que les délibérés étoient prononcés , ordre qui avoit été établis pour rendre les confeillers exacts aux fervices. Actuellement toutes les affaires font diftribués pêle-mêle , & non-feulement ceux qui font nouvellement reçus , ont des appointemens , mais même font chargés des plus confidérables ; en un mot, de ce qu'on nomme les plus belles affaires. Je refpecte infiniment les jeunes magiftrats ; je l'ai été, & le fuis même encore ; je fais qu'il en eft parmi eux qui ont des talens, des lumieres , que certains même peuvent avoir plus de facilité , de fagacité, de pénétration , & fur tout d'élocution que quelques anciens dont l'efprit doit s'émouffer par un long travail, & fe refroidir par les glaces de l'âge ; mais toujours, eft-il vrai, que les années fuppofent l'expérience , & que le public a plus de confiance dans un juge qui a un long fervice , qu'à celui qui ne compte que quatre ou cinq luftre : en un mot , il en eft d'un juge comme d'un médecin ; celui qui a le plus d'âge, & par conféquent de pratique , attire le plus la confiance.

Il réfulte un autre inconvénient de cette nouvelle diftribution d'inftances ; c'eft que fi elles tombent entre les mains d'un rapporteur qui , quoique jeune , eft affez éclairé & l'aborieux ; elles peuvent paffer entre les mains d'un magiftrat jeune & diffipé , qui par-conféquent, n'a pas ce type d'efprit & de caractere magiftrat qu'il faut avoir dans les affaires. Bientôt il s'effraie, fe dégoûte , fe rebute à la vue de cette maffe de procédure. Il n'ofe entrer dans ce labyrinthe de chicane, de crainte de s'y perdre & d'être trop long-tems à s'y retrouver , *& interea patitur juftus.* Au bout de quelques mois il fe déporte (*a*), ou bien à l'aide d'un fecrétaire auffi inepte qu'intereffé, il fera un travail diffus, lourd, mal digéré, & fera perdre beaucoup de tems aux juges qui feront obligés de l'analyfer.

Charles VIII. dans fon ordonnance ci‑deffus citée dit, *que les confeillers feront tenus de s'affembler avec le prévôt de Paris ou fon lieutenant par chacune femaine, le jour de vendredi pour entendre à la diftribution & expédition des procès.* Une autre ordonnance du même roi rendue en 1485, porte : *avons ordonné que la diftribution des procès de notre Châtelet, foient fi fecrétement baillée de par nous le prévôt à vifiter aux confeillers, que les parties ne puiffent favoir à qui le procès fera baillé à vifiter* (*b*). Pourquoi ne pas fuivre ces fages ordonnances ?

(*a*) Un procureur au Châtelet me difoit dernierement qu'il venoit enfin d'obtenir un jugement dans une affaire qui avoit vu cinq rapporteurs, & n'avoit été vue que par un, ce qui avoit occafionné beaucoup de frais, en changement de fecrétaire, l'affaire n'ayant pas été plus heureufe en fecretaires qu'en rapporteurs.

(*b*) Au parlement de Nanci, pour éviter beaucoup de follicitations, on ne nomme les rapporteurs que lorfque toutes les pieces font produites au greffe, on devroit faire de même dans tous les tribunaux ; l'on pourroit encore, ce me femble, faire mieux, ce feroit d'établir un office de fecrétaire réuni à celui de greffier, qui alors emploieroit tant de commis qu'il lui faudroit. Faire un tarif jufte pour le falaire des extraits, & défendre fous peine d'amende, ou plus forte peine, à cet officier, de faire connoître les rapporteurs.

. Au furplus, les affaires de rapport ne s'expédient point affez promptement, parce qu'une feule chambre du confeil ne fuffit pas principalement à caufe de l'ordre qui y eft établi, de rapporter par droit d'ancienneté, ce qui fait que les jeunes rapporteurs font reculés & rejetés fouvent très-loin pour des rapports, qui pour être bien faits, doivent être préfentés dans ces premiers momens où l'efprit eft encore dans la fermentation, & la mémoire dans l'élaboration.

Il y a long-tems qu'on le dit, & je ne puis qu'y infifter, que deux chambres du confeil au Châtelet font néceffaires, & même indifpenfables pour le bien public. Le nombre des confeillers eft affez grand, puifque l'on y compte huit charges de trop. Cet article me donne occafion de parler d'un autre moyen encore très-propre à pourvoir à l'utilité de ces huit charges, & de ceux qui peuvent en être pourvus. Il y a au Châtelet la jurifdiction des auditeurs, où c'eft encore un feul homme qui juge toutes les affaires au-deffous de quarante livres, affaires auffi intéreffantes pour les petits particuliers qui les ont, que de grandes le font pour les gens riches. Les mêmes raifons qui ont fervies à l'ampliation des préfidiaux peuvent auffi donner lieu à l'ampliation de cette petite jurifdiction, on pourroit s'y déterminer d'autant plus que cela foulageroit l'audience du préfidial du Châtelet qui eft toujours très-chargée; quoique par un fyftême bien funefte aux intérêts

des citoyens , on perfifte à n'y juger toutes les caufes
que bail iagérement. Il feroit donc à propos pour cela de
porter les affaires à cent livres au premier chef, & deux
cents au deuxieme chef : de réunir la charge de juge
auditeur à la compagnie de MM. du Châtelet; de ftatuer
que cette jurifdiction feroit préfidée & tenue chaque
mois par le doyen & les deux derniers cônfeillers de
chaque colonne (*a*).

____

(*a*) Qu'il y a encore une grande & belle opération à faire
au Châtelet , relativement à fa magiftrature ! c'eft d'y réunir
les commiffaires. Une mauvaife fpéculation de finance a fait des
offices de commiffaires au Châtelet, des offices hétéroclites. Le
peuple qui n'a que trois jours dans l'année pour exprimer à-peu-
près ce qu'il penfe , ne manque jamais dans les jours gras de fe
jouer des commiffaires en en prenant le rôle. Une grande partie
des mafques ou chiant-lits , eft déguifé en commiffaire. Les
fpectacles en offrent auffi affez fouvent l'importance , la gra-
vité plaifante , le ridicule.

On fe plaint , & avec raifon , que la police n'eft pas encore
faite , comme elle devroit l'etre : elle ne pourra jamais être
très-bien faite tant qu'il y aura des commiffaires. Et qu'on ne
parle pas du tems de M. de S...; alors il y avoit beaucoup
moins d'ordre & d'économie dans les finances. La police avoit
un revenu plus confidérable ; les rues étoient plus propres ; il en
coûtoit plus. Les reverberes étoient nourris d'une huile plus
pure ; ils éclairoient mieux; il en coûtoit plus. Les officiers de
police étoient plus ardens , plus vigilans; ils étoient encouragés
par de plus forts falaires, par des gratifications; le nombre des
obfervateurs étoit plus grand , & il en coûtoit encore plus.

Les fonctions des commiffaires font divifées en trois parties,
le civil , la police & le criminel. Le civil leur produit beaucoup;
la police peu , & le criminel très-peu. Ils s'attachent à la plus

A l'égard des droits & honneurs que le Châtelet a
laissé perdre, le Châtelet est le premier tribunal où il

---

lucrative qui est le civil. La police en souffre, parce que le chef
qui ne peut pas être universel, qui doit être secondé par les
commissaires, ne l'est pas exactement, & qu'il n'a pas assez de
moyens pécuniaires pour l'être.

Les commissaires tout de feu pour les scelés, enquêtes, ordres,
liquidations, comptes & partages, sont de glace pour la sûreté,
la clarté, la propreté & tous les détails de la police. Dans le
moment où j'écris, je parierois qu'il y a un quart des boulangers dont le pain n'a pas le poids d'ordonnance, parce que les
commissaires trop occupés d'ailleurs, ne vont chez eux faire la
visite que rarement, & à des jours & heures fixes, ce que les
boulangers sachant, ils ne se mettent sur leur garde que ces
jours-là. Les ordonnances qui fixent le prix de la viande, du
beurre, &c. ne sont pas non plus exécutées, parce que les
commissaires n'y tiennent pas la main. Enfin il est constant
qu'un commissaire faisant payer son tems dans son cabinet, où
étant à l'affut d'un scellé, dans une brouette, un fiacre, une
cave, un grenier, ou tombant sur la dépouille d'un mort, ne
peut pas donner tous ses soins à la police. Il y a plus, c'est qu'il
y a même des abus dans ses fonctions civiles; en effet, un commissaire qui a le pouvoir d'apposer un scellé n'a pas celui lors
de cette apposition ou de l'inventaire, s'il survient des contes-
tations entre des héritiers & des créanciers ou légataires, de
rendre une ordonnance. Son ministère est en défaroi; il faut
aller en référé en l'hôtel du magistrat; il faut faire beaucoup
de frais.

Pour obvier à ces abus, pour rendre à une jurisdiction ce
qui doit lui appartenir, pour faire le bien de la police, il seroit
donc nécessaire d'incorporer tous les commissaires avec les magistrats du Châtelet. Les épices, les émolumens, la noblesse,
les honneurs, exemptions, privileges, droits & prérogatives, les
dédommageroient de la petite perte de bénéfice qu'ils feroient

G iv

y air eu des conseillers. Les conseillers en cette cour
sont les premiers après les membres du conseil d'état &
privé, qui aient eu le titre de conseillers du roi, titre d'autant plus relatif à leurs fonctions, que les rois, & principalement Saint Louis alloient rendre la justice au
Châtelet, d'où est resté à ce tribunal seul, l'honneur &
le droit qu'il conserve d'avoir un dais au parc civil &
au présidial. Alors le prévôt de Paris avec les conseillers
de son siege, s'appelloient conseil du roi au Châtelet,
& chaque conseiller prenoit la qualité de conseiller du
roi en son conseil du Châtelet; les uns & les autres, je
ne sais par qu'elle raison, ont abdiqués ces glorieuses &
distinctives qualifications (*a*).

---

par un partage plus étendu de ce bénéfice. Les fonctions de la
police seroient remises aux inspecteurs de police, à qui elles
conviennent essentiellement. Pour répondre à la seule objection que l'on pourroit faire sur le trop grand nombre de magistrats qu'il y auroit au Châtelet, on les diviseroit en deux
chambres, celui des conseillers jugeurs & celui des conseillers
enquêteurs, examinateurs, ordinateurs, &c. Tour-à-tour l'un
seroit occupé des affaires intérieures de la jurisdiction; l'autre
des affaires du dehors.

Enfin, la même bourse commune qui est actuellement parmi
les conseillers, comme celle qu'ont entr'eux les commissaires,
seroient réunies pour toute la compagnie.

(*a*) Les magistrats de cette jurisdiction négligent encore la
qualité honorable de conseiller au siege, de la conservation des
privileges reçus de l'université de Paris. Depuis la réunion de
ce siege au Châtelet, les prévôts de Paris n'ont jamais manqué
de prendre le titre de conservateur, &c. Les magistrats doivent

Le prévôt de Paris & sa compagnie ne s'appellent plus que le Châtelet, & les conseillers ne prennent plus que le titre nud & bannal de conseiller du roi. Je dis le titre bannal, car on sait jusqu'à quel point des besoins d'état ont fait prodiguer ce beau titre, & l'ont rendu aujourd'hui si commun que, quantité de gens dont leurs places, telles qu'elles soient, ne leur donnent pas la moindre relation aux conseils de Sa Majesté, s'en décorent, jusqu'aux pasteurs de l'église qui devroient être les plus humbles, qui se qualifient de conseillers du roi, & même en ses conseils, quoiqu'ils n'y aient aucune influence, mais parce que jadis des rois ont eu la bonté d'y en admettre quelques-uns, & dont on les a sagement écartés, afin qu'ils pussent mieux vaquer aux affaires spirituelles de leurs diocèses.

Le Châtelet autrefois assistoit en corps aux entrées des rois & des reines à Paris, alloit complimenter leurs majestés à tous les heureux événemens, étoit présent aux obsèques de tous les princes & princesses, aux services des évêques de Paris, & à leurs prises de possessions, au *Te Deum*, aux processions générales; en un mot, à toutes les cérémonies publiques.

De tout cela, il n'a conservé que l'usage d'être témoin

----

donc pour leur honneur prendre leur vraie qualité qui est écuyer, conseiller du roi en son conseil du Châtelet, siège présidial, & de conservation des privileges royaux de l'université de Paris.

du néant des grandeurs, aux catafalques des rois & des reines, d'aſſiſter à la publication de la paix, & d'aller à la diſtribution des prix de l'univerſité, encore n'y va-t-il pas dans l'appareil qu'il devroit avoir, accompagné de la troupe militaire qui veille à ſa garde & du commandant du guet à la tête. D'aprés tout cela, on peut croire que d'autres droits, prérogatives & honneurs de MM. du Châtelet dorment auſſi, ou ſont perdus dans la nuit des tems. C'eſt à ceux d'entr'eux que leur mérite a fait trouver dignes d'étre à la tête de ſes archives, & qui veulent bien conſacrer leur tems à ſcruter tous les monumens de ſa gloire & de ſa ſplendeur, à avoir encore le courage de les chercher au fond de cet abime (*a*).

(*a*) Par des lettres patentes du 21 mars 1521, François **I** donna entr'autres choſes aux conſeillers au Châtelet, *l'exemption de tous droits d'aides, ou autres impoſitions pour les grains & les autres fruits de leurs terres* : aucune loi n'a détruit celle-la, & meſſieurs du Châtelet exempts de tous droits d'aides, paient, & auſſi cher que d'autres, l'entrée du vin qui vient de leur terre, & qui en eſt bien un fruit.

Par édit du même roi du mois de mai 1539, ils ſont admis comme les conſeillers de cour ſouveraine au droit annuel connu depuis ſous le nom de Paulete, parce que Paulet ſecrétaire du roi, par édit de 1604, en fut établi le premier fermier: ils ſont, dis-je, affranchis de ce droit ſans aucun prêt ; ce ſont les termes de l'édit : pluſieurs arrêts du conſeil les ont confirmés dans ce privilege, & cependant ils paient aujourd'hui, je ne ſais encore pourquoi le droit annuel ſous le nom de centieme denier : il eſt vrai que les chefs ne le paient pas !

C'eſt encore ici le lieu de parler d'un uſage que le Châtelet a conſervé, ou plutôt que la force de l'habitude & ſon reſpect immuabʼe pour ſes devoirs a maintenu ; uſage peut-être auſſi riʼiʼcule dans ſon eſſence, qu'il eſt noble dans ſes principes : uſage, enfin, dont le nom promet beaucoup, & dont les effets ſont aſſez ſtériles : on ſent que je veux parler de la montre des officiers qui revient tous les ans à la Trinité.

A voir cette aſſemblée tumultueuſe, cette cavalcade mal en ordre, ces cavaliers indiſciplinés, dont quelques-uns ſont ſurchargés d'abondance bachique ; ces chevaux tout déſapareillés & mal-harnachés qui ne ſe ſoutiennent guere mieux que ceux qui les montent ; cette bigarrure d'hommes, d'animaux, d'habits, de robes & de perruques ; en un mot, cette inuformité tout-à-la-fois militaire & bourgeoiſe, grave & bouffone ; des étrangers qui viennent à Paris pour prendre des leçons de goût, de ſageſſe, croient y arriver dans un tems de carnaval, & prennent cette gothyque cérémonie pour une vraie farce, une maſcarade.

La montre n'a été établie que pour acquitter auprès des premiers perſonnages de la robe, un tribut d'hommages, & en même tems entretenir une heureuſe ſubordination. Les viſites que les officiers du Châtelet font aux magiſtrats ſupérieurs dans le cours de cette cavalcade, ſont un devoir de bienſéance & de civilité qu'ils leurs rendent.

Il paroit que l'on n'a imaginé de métamorphoser ce jour-là, ces paisibles officiers en écuyers, cavalcadours, que parce qu'alors Paris n'étoit pas pavé, que le terrein étoit bas & plein de boue, & que l'on ne se servoit pas encore de carosse.

Aujourd'hui que Paris est pavé & qu'il y a des carosses, il me semble que si l'on ne juge pas à propos d'abolir cette grotesque cérémonie, au moins on pourroit en corriger le ridicule, car encore une fois, on ne peut pas nier que ce n'en soit un, de faire promener à cheval des magistrats, des gens de robe.

Que vingt huissiers députés de chaque compagnie, l'une à cheval, l'autre à verge, montent à cheval, qu'ils soient précédés de leurs musiques, timbales & trompettes, que les uns portent les attributs de la justice, comme le casque, la cuirasse &c. ainsi qu'à l'ordinaire, & que les autres qui ne porteroient rien, marchent en ordre, que seize députés des huissiers priseurs viennent ensuite en carosse, huit huissiers audienciers, douze commissaires également en carosse, un avocat du roi, avec un huissier audiencier dans sa voiture, & ensuite le lieutenant civil avec deux huissiers audienciers dans sa voiture, & deux officiers de la garde au Châtelet à cheval l'épée nue à chaque portiere de la voiture : je crois que cette cérémonie seroit beaucoup plus simple, plus majestueuse & plus dans l'ordre.

On peut dire & faire la même chose à l'occasion de

a cavalcade du Châtelet, & de la ville, à la publication de la paix. Enfin on a déja tellement fenti combien il étoit peu féant, que les gens de robe allaffent
à cheval dans les occafions qui, exigent leur préfence,
que le lieutenant criminel qui, il n'y a pas bien long-
tems, affiftoit à cheval aux executions des criminels,
n'y va plus qu'en caroffe.

Encore un mot à dire fur le Châtelet. Il eft étonnant que tandis qu'on éleve tant d'édifices à la frivolité, on éleve fi peu de temple à la juftice. Combien
de villes où elle fe ne rend que dans des mazures ? Et le
Châtelet lui-même malgré la réparation que l'on vient
de faire à fe décrépitude, n'eft-il pas une effroyable
mazure ? Il n'y a pas en France de jurifdiction à laquelle
en plus grand nombre d'officiers foit attaché, & il n'en
eft pas, qui à proportion, offre une plus étroite enceinte.
L'air méphytque des prifons anguftiées, les vapeurs
fétides d'un marché, d'une boucherie, de coins, de
decoins, de petites rues, de paffages étouffés, forment
fon atmofphere, &, chofe affreufe, horrible repouffante,
le dépôt des morts inconnus, la morgue s'y trouve
prefque fur le paffage (*a*).

(*a*) En 1460 les bâtimens du Châtelet étoient en fi mauvais
ordre, que Charles VII transféra les féances de ce fiege de la
juftice au Louvre, pendant le tems très-long, qu'on employa
à le réparer. Pour fournir à la dépenfe, ce roi par les lettres
patentes du 9 mai 1485, accorda tous les deniers provenans

On a fait de beaux plans, car nous fommes dans le tems où l'on en donne le plus, & où l'on en fuit peut-être le moins. On a, dis-je, fait de beaux plans pour la reconftruction du Châtelet. Les uns l'ont placé aux Auguftins, les autres aux Cordeliers, d'autres fur le bras de Seine qui baigne le Pont-Rouge, d'autres à l'hôtel des Urfins, d'autres enfin à la place de Grève à côté du nouvel hôtel-de-ville que l'on fe propofe de bâtir. Je penfe que ce dernier mérite la préférence. Le Châtelet coûtera un peu plus à bâtir, mais il fera mieux pour tout ; guere plus loin du palais, plus près des confuls, de l'hôtel de la force & de l'hôtel-de-ville Les prifons y feront vaftes, en bon air, & ce fera un monument remarquable & digne de quadrer avec le nouvel hôtel-de-ville projeté. On pourra continuer en faveur de fa conftuction, les fix deniers pour livre, fur la capitation attribuée à celle du palais, qui eft fur le point de finir. En attendant, on pourroit conftruire, le nouvel hôtel-de-ville, & enfuite donner l'ancien, (qui eft celui qui exifte actuellement, au Châtelet, & employer l'églife de St. Jean, à faire une prifon, grande, fpacieufe &

---

des forfaitures, confifcations, aubenages, ou fucceffions qui échoiroient en la prévôté & vicomté de Paris.

Dans une déclaration du roi Louis XIV, ont voit que fon deffein étoit de conftruire un nouveau fiege du Châtelet avec toute l'étendue & la magnificence qui entroient dans fes plans, & qui convenoient à ce fiege.

telle qu'elle doit être : mais dira-t-on, quelle idée que de deftiner cette églife à faire une prifon ! & que fera-t-on de la cure ? des paroiffiens ? ou iront ils ? la réponfe eft aifée, & fera, je l'efpere, fatisfaifante. L'églife de St. Jean eft extrémement voifine de celle de St. Gervais, & l'on conviendra qu'il a été affez mal-entendu de bâtir ainfi deux églifes paroiffiales, l'une à côté de l'autre, fur-tout quand il y a des quartiers très-étendus, où il n'y en a point comme le marais il n'y a dans la majeure partie du marais que quelques couvens, entr'autres celui des Capucins, & prefque tout ce quartier là dépend de la paroiffe St. Jean. Il y faut une églife pa-roiffiale, & on ne peut, ce me femble mieux faire, que d'y établir l'églife de St. Jean, & en attendant qu'on y en conftruife une, on peut fe fervir de celle des Capucins, l'arranger, l'aggrandir même, fi cela eft néceffaire, & réunir cette maifon de religieux à un autre. Rien n'eft plus aifé d'ailleurs que de loger des Capucins.

Des bailliages & préfidiaux.

LES bailliages & préfidiaux, comme je l'ai fait voir, en traitant du centieme denier n'ont prefque point de revenu, & il en coûte même à la plupart de leurs prin-cipaux officiers pour payer les droits du roi. Ceux qui reffortent au parlement de Paris, y font fouvent

attirés par des affaires de corps, & ils ne peuvent pas
y envoyer des députés qu'il ne leur en coûte très-
cher : & d'ailleurs, ces députations privent les tribunaux, & les parties des plus grandes lumieres ; car ſe
font ordinairement les magiſtrats les plus éclairés qui
font chargés des intérêts des compagnies, ce qui excite
aſſez ſouvent la jalouſie.

Ils feroient beaucoup mieux, ſuivant moi, de ſe réunir
& ſe cottiſer tous pour avoir à Paris ſous le bon plaiſir
de la cour, un député général, à demeure.

Le magiſtrat qu'ils choiſiroient, ſe trouveroit très-
honoré de cette importante commiſſion, & ſans doute,
ne demanderoit pour ſes peines & ſes ſoins, que l'entretien d'un ſecretaire & d'une voiture.

Les autres baillages & préſidiaux qui ne ſont pas
du reſſort du parlement de Paris, mais qui ſont dans le
cas d'avoir des affaires au conſeil, des actes de notoriété,
des pareres à demander, des conſultations à faire faire,
des graces à ſolliciter, des repréſentations, des mémoires
à préſenter, pourroient s'y réunir. Alors il n'en coûteroit preſque rien à chacun des membres de toutes
ces juriſdictions, & le peu qu'ils jugeroient à propos de
conſacrer, ſuffiroit encore pour louer à Paris, un hôtel
honorable pour ce député.

Des commissions attribuées à la police.

On a depuis peu parlé & écrit pour & contre les commissions. Je n'examinerai pas si elles font un bien, ou si elles font un mal. Comme magistrat, je serois trop suspect. Je dirai seulement que les commissions devroient au moins être composées de magistrats compétens, & par leur état, & par le genre de leurs fonctions, pour juger des matieres qui y font soumises.

Or, à ces commissions ne font appellés que des conseillers de la cour-des-aides ; par état, ils font incompétens, puisqu'il ne s'y agit d'aucune affaire qui, si elle fuivoit le cours ordinaire de la justice, n'iroit point à leur tribunal. Ils le font encore incontestablement par le genre de leurs fonctions , puisqu'elles ne confistent qu'à juger des matieres d'aides.

Et dans des commissions, il s'agit de juger des questions de droits, des questions de coutume , des points d'ordonnances civiles & criminelles , d'interpréter toutes les loix du royaume & lorsque tout démontre que le magistrat d'un baillage ou d'un parlement même, qui a blanchi fur les fleurs de lys, fachant beaucoup , au bout de fa carriere , ignore encore plus de la moitié de ce qu'il doit favoir : un juge des aides pourra-t-il fe flatter, je ne dirai pas de favoir, mais de fe douter des loix locales, du droit romain, du droit des gens, du droit commun ? non-

H

En vain, dira-t-on pour lui, qu'il a travaillé, étudié long-tems dans son cabinet. Je répondrai décidemment, que tout son travail est neutre, que la théorie sans la pratique n'est rien, & que ce n'est que dans le creuset de l'expérience que s'élabore parfaitement l'esprit d'un magistrat.

Je ne prétends point attaquer, dégrader les facultés intellectuelles de la cour-des-aides, & spécialement de ceux de ses membres qui sont chargés de juger les commissions sous la présidence de M. le lieutenant de police. Je n'ai pas de peine à croire, qu'il n'en est aucun d'eux qui ne soit plus instruit, plus éclairé que moi : & en disant qu'ils ne le sont pas assez, pour la partie qui leur est confiée, je leur demande pardon de ma franchise ; mais en traitant une matiere de cette importance, je dois suivre l'inspiration sacrée de la vérité.

Il seroit un moyen plus satisfaisant, peut-être pour tout le monde, de composer les commissions ; ce seroit de choisir pour juges deux conseillers au parlement, deux conseillers de la cour-des-aides, parce qu'il peut s'y trouver par hasard quelque affaire de leur sphere, deux maîtres des comptes, parce qu'ils sont plus versés dans les opérations de calcul & qu'il s'y en présente beaucoup, enfin, deux conseillers au Châtelet, parce qu'ils feront maintenus avec justice, ainsi que les conseillers au parlement, dans la possession glorieuse & immémoriale de juger des affaires de leur compétance,

Des Avocats.

ON a tant écrit fur la profeffion d'avocat : on en a tant loué la nobleffe & tant vanté l'indépendance, qu'on pourroit penfer qu'il n'y a plus rien à en dire Cependant je crois que les gens d'efprit qui ont exercé leurs plumes fur cette matiere nont pas encore tout dit.

La profeffion d'avocat eft, on ne peut pas plus, honorable. Rien de fi noble, de fi glorieux que de défendre les intérêts d'un citoyen , d'époufer fa caufe , de s'identifier , pour ainfi dire , avec lui , d'être l'organe des loix , l'interprête de la nature , l'égide du foible , le bouclier de l'infortuné , l'orateur de la raifon (a).

____

(a) Quelles font en effet les qualités diftinctives du véritable avocat ? On exige de lui l'attention la plus exacte ; l'intégrité la plus pure, la fermeté la plus vive. Ce font ces caracteres effentiels qui le rendent néceffaire à fes concitoyens , qui lui font défendre avec fuccès leur honneur, leurs biens , leur état, leur vie même , qui élevent ces infatigables miniftres de la juftice au rang des héros dans la fociété , égaux, pour ainfi dire , à ceux qui lui facrifient leur fang ; car ces hommes redoutables que leur valeur rend, à fi jufte titre célebre, & pour qui nos befoins préfens nous intéreffent fi vivement , ces fameux capitaines n'ont que quelques inftans à faire ufage de leurs talens, pour notre utilité & pour leur gloire ; ils ne combattent pas cans ceffe ; ils n'ont pas toujours des provinces à conquérir , des ennemis à vaincre , leur patrie à défendre.

Mais que de fcience, que de talens il faut dans cette importante profeffion ! Et combien il s'y en trouve peu aujourd'hui. Une foule de jeunes-gens , qui n'ont point d'état, qui veulent en avoir un , & qui y font comme obligés , parce que la fociété ne pardonne point de ne pas en avoir, embraffent celui-là par la raifon qu'il coûte très-peu , qu'il eft diftingué , & que les rayons de la gloire de quelques membres réfléchiffent fur tout le corps. Ils fe bornent la plupart à voir leur nom infcrit fur le tableau, & à avoir de ce noble état, l'habit & la qualité, fans chercher à en foutenir la gloire par leurs travaux.

Je n'entends défigner ici perfonne d'entr'eux , & je puis leur adreffer à tous ees paroles de leur modele, de l'orateur romain , *ego autem neminem nomino ; quare irafci nemo mihi potuerit , nifi qui prius de fe confiteri voluerit* Cic. *Orat. pro lege manilia.*

Il en eft d'autres , qui , trop peu inftruits , ne font pas capables de bien remplir cet état ; incapacité qui prend fa fource dans les études ftériles du droit.

En effet, un jeune homme qui fort de la pouffiere du college paffe aux écoles de droit. On lui **vend de** gros cahiers qu'on lui dit qu'il faut qu'il apprenne & qu'il n'apprend point. Pour fon argent, on lui accorde tous les grades qu'il demande. Il fe préfente enfuite

____

Les travaux de l'avocat, au contraire, ne font jamais interrompus ; il ne connoît point de repos ; il agit fans ceffe ; il ne fort d'un combat que pour fe livrer à un autre. [M. Mannory.]

au parlement , leve la main , & auffi-tôt il a le pied dans l'ordre des avocats. Il va fe promener de tems en tems au palais , & au bout de trois ans d'apparition on lui trouve un mérite bien plus grand & plus mûr , on le proclame digne d'entrer tout - à - fait dans l'ordre de figurer fur le tableau.

Le moyen qu'il foit inftruit ! Le moyen de former de grands orateurs ! Auffi , excepté le célebre Gerbier , on n'en compte plus au palais : car on ne peut abfolument pas donner ce nom à ceux qui lifent leur plaidoyer , ou qui , comme un prédicateur , répetent ce qu'ils ont écrit. Le véritable orateur eft l'homme qui eft maître de fon efprit , qui l'a affez nourri de fciences , de principes , d'expreffions pour tirer promptement de fon fond , tout ce dont il a befoin , qui s'eft formé le goût , le ftyle par la lecture des plus habiles écrivains , qui a étudié profondément les grands maîtres , qui a appris à connoître le cœur humain , à l'attendrir & l'affermir , à l'émouvoir & le calmer , à l'ébranler & le fixer , à lui donner les plus heureufes impulfions , en un mot , à lui faire prendre vivement la trempe de la vérité.

Si de tels hommes ne fe trouvent plus dans le temple de la juftice , il ne faut s'en prendre qu'au vice des études , du droit , de l'adminiftration , de l'ordre , & de la trop grande abondance de fujets.

Les avocats , on peut & on doit le dire , s'occupent

entr'eux de vétilles, entr'autres, ils rayent de deſſus leur tableau, celui qui donne une quittance de ſes honoraires, & ils ſont convenus d'en recevoir, & ils ne travaillent pas ſans être payés, ou ſans l'eſpérance bien fondée de l'être. Or, ſi c'eſt un crime que de donner une quittance, quel eſt le plus coupable de celui qui reçoit & donne une quittance, ou de celui qui reçoit & qui n'en donne point ? Ils le ſont au moins autant tous les deux. Quel déſintéreſſement que celui qui conſiſte à mettre de l'adreſſe à prendre de l'argent, à le palper ſans qu'il y paroiſſe comme par eſcamotage, par enchantement !

Je penſe que les avocats devroient abolir un réglement ſi bizarre, & s'occuper d'autres plus ſérieux & plus importans. Par exemple, on reçoit avocats au parlement de Paris, tous ceux qui arrivent de toutes les facultés de droit de province, dont on connoît la trop grande facilité : ne ſeroit-ce pas le cas de ne recevoir uniquement que ceux qui ont fait leur droit à Paris, dont la faculté eſt moins facile & deviendroit alors plus ſévere ?

Ce ſeroit encore, je crois un réglement ſage, que d'aſſujettir les jeunes aſpirans à un examen rigoureux préſidé par le bâtonnier, de fixer le nombre des avocats, & de n'en recevoir tous les ans que juſqu'à concurrence de ce nombre & au concours ; enfin de les placer ſur le tableau, ſuivant le dégré de capacité qu'on

auroit reconnu en eux lors de l'examen, ainſi que cela
ſe pratique à la faculté de médecine (*a*).

Je m'attends bien que quelques - uns vont crier contre
l'innovation & l'innovateur ; mais j'en ſerai dédom-
magé par le plaiſir ſecret que reſſent tout homme, qui,
ſans bruit & ſans éclat, s'occupe du bien public.

Des ſaiſies réelles.

LES ſaiſies réelles conſomment le bien des parties qu'elles frappent. Il eſt rare que les officiers ſubalternes de la
juſtice, n'abſorbent pas tout par leurs frais exceſſifs, par
leur lenteur intéreſſée. Une pourſuite de ſaiſie réelle qui,
la plupart du tems, pourroit être terminé en huit mois,
dure des ſiecles. On donne les biens à bail, à un fermier

***

(*a*) L'ordre a une bibliotheque publique où les jeunes avocats s'aſſemblent de tems en tems, & donnent *gratis* des conſultations aux pauvres. Ces conſultations travaillées pour l'a-
mour de Dieu, ſont ordinairement ſi mal conçues, ſi obſcures que
les pauvres ſont obligés de porter des argumens pécuniaires aux
vieux avocats pour les leur faire expliquer & les rendre claires.

On s'occupe fort de multiplier ces riches aſyles de la pauvreté
& de la fainéantiſe. Ces hôpitaux qui multiplient les gueux,
qui publient les fautes du gouvernement en publiant la miſere ;
& l'on ne penſe pas à établir un tribunal général, ſouverain
& gratuit, où le pauvre trouve des défenſeurs éclairés & des
juges vertueux qui le protegent contre le riche, dont l'opulence, la force & la tyrannie l'anéantiſſent, ou l'enchainent
dans l'affreuſe indigence !

H iv

mier judiciaire, qui n'en rend pas la moitié de la valeur, qui laiffe les bâtimens, les terres, les bois, les jardins, fe dégrader, & lorfque le moment de la vente eft enfin arrivé, ces biens qui avoient coûté très-cher, font adjugés prefque pour rien ; une terre qui aura coûtée un million, fera vendue deux cents mille livres.

On a fupprimé les décrets volontaires, & on a établi à la place les lettres de ratification, parce qu'on a vu avec raifon, qu'ils étoient trop difpendieux, & qu'il coûtoient autant que les décrets forcés, que les faifies réelles. Le même efprit qui a porté à abolir les décrets volontaires, devroit porter auffi à tempérer les décrets forcés.

On peut y parvenir ainfi. Que l'on réuniffe le bureau des faifies réelles à celui des confignations, qu'on les confie à une compagnie de riches capitaliftes, que cette compagnie s'engage à acheter tous les biens faifis, fur le prix de l'eftimation & à en payer la rente à tous les créanciers fur le pied de quatre pour cent, jufqu'à la clôture de l'ordre. Qu'à cette clôture, ils remettent l'argent, prix de l'acquifition, entre les mains des créanciers, & qu'ils foient autorifés à retenir fur cette fomme un droit qui feroit arbitré par la fageffe du confeil. Que l'on fixe un délai de deux ans pour mettre à fin les faifies réelles & ordres: je dis, deux ans, parce que fi des biens & des créanciers font dans les grandes Indes, il faut au plus deux ans, pour y aller

& en revenir. Que l'on donne aux financiers qui formeront cette compagnie le titre de confeillers du roi, receveurs généraux des faifies réelles & confignations, avec des diftinctions privileges & immunités pour les encourager à fe rendre ainfi utiles. Qu'on leur accorde même, fi l'on veut encore la faculté de faire les ordres, en payant un droit aux commiffaires au Châtelet que ceux-ci mettroient en bourfe commune, les débiteurs & les créanciers trouveront dans cet éteblifſement un véritable avantage, en ce que les pourfuites fe termineroient promptement, que les receveurs généraux feroient toujours prêts pour acheter les biens, qu'il n'y auroit plus à payer les frais de l'adjudication des beaux judiciaires, & que l'on n'auroit plus l'embarras des reparations & des procès contre les fermiers judiciaires. Il y auroit une infinité de chofe à dire encore fur ce fujet, mais cela demanderoit un traité *ex profeſſo*, & je n'ai voulu donner qu'une idée fuccinte à ceux qui connoiffent affez ces matieres pour pouvoir la développer, & fuppléer par leurs lumieres, à tout ce que je n'ai pas dit.

Des teſtamens dépoſés dans les études des Notaires.

IL exiſte un abus réel dans le dépôt des teſtamens chez les notaires, & qu'il feroit facile de rectifier. Le voici en deux mots. Un particulier a dépoſé ſon teſtament chez un notaire. Il meurt. Le notaire n'eſt pas inſtruit de ſa mort. Les héritiers, ou légataires ignorent le dépôt de ce teſtament chez ce notaire, & s'en trouvent ainſi fruſtrés, ſi ce n'eſt pour toujours, du moins pour long-tems. Delà des pertes, des embarras, des procès. Pour obvier à ce mal, il feroit à propos d'en joindre aux notaires, de certifier tous les ans au magiſtrat, l'exiſtence de la perſonne, qui auroit dépoſé entre leurs mains un teſtament, & de ſtatuer que faute par eux de le faire, le teſtament feroit ouvert par le magiſtrat, lequel feroit alors de nouvelles informations, & qui, s'il ne trouvoit aucune preuve de l'exiſtence du teſtateur, ou la preuve contraire, en inſtruiroit les héritiers ou légataires. Il n'y auroit à cet effet, qu'un mot à ajouter à un des articles de l'ordonnance des teſtamens.

Des féparations de corps par lettres de cachet.

LORSQU'UN mari eft parvenu à faire féqueftrer fa femme par un ordre du roi, & qu'il n'exifte point d'enfans de fon mariage ; il me femble qu'il n'eft pas jufte qu'il en foit quitte pour faire à cette malheu-reufe femme une fimple penfion , & qu'il jouiffe du revenu de fon bien. Je penfe bien qu'on ne doit pas remettre à cette femme, l'excédent de ce revenu, parce qu'étant dans un couvent ou une communauté, fa dépenfe doit être modefte. Il eft un parti fage , que je crois que l'on pourroir prendre: ce feroit que la famille nommât un parent qui fe chargeât de faire emploi de ce revenu , à fur & mefure qu'il échoiroit , & qui en rendit compte tous les ans au magiftrat. On fera fûr alors , que ce bien ne fera pas mal employé , qu'il ne fervira pas à fatisfaire les paffions d'un homme, dont la conduite peut-être aura été la caufe des déreglemens d'une femme , ou qu'il aura dépeinte fous de fauffe couleurs, pour furprendre les fentimens de fes parens & la religion du miniftre. On fera fûr auffi , qu'un jour ce bien retournera légitimement à fa véritable fource. Si une heureufe réunion peut rapprocher ces deux époux, en retrouvant leurs cœurs , ils retrouveront leur fortune. Si l'amour pur , fi la nature ne refferre pas leurs nœuds , alors l'époux mourant avant l'époufe, celle-ci rendue à la fociété retrouvera ce bien en bon état, en jouira & en difpofera. Ce fage tempérament arrêtera fans doute la fréquence de ces violentes féparations, qui ne font autre chofe qu'un divorce déguifé, & plus fcandaleux pour les mœurs & la religion, que le divorce même.

D'un regiftre général & alphabétique des baptêmes, mariages & enterremens dans toutes les villes, fauxbourgs, bourgs & villages du royaume.

LE titre feul de ce chapitre annonce fon objet & fon utilité. Tous les jours des familles font dans le plus grand embarras, pour avoir des extraits de Baptéme ou de mariage, ou d'enterrement. On ignore le pays où font retirées certaines perfonnes. On ignore que tel ou telle foit mariée, que celui-ci aie des enfans, que celui-là foit mort. Delà des obftacles, des difficultés infinies & fouvent des procès ruineux. Or, il eft tout fimple de prévenir ces inconvéniens, en établiffant dans la capitale, le dépôt d'un regiftre général & alphabétique à ce fujet, où l'on payeroit un léger droit de recherche ; en obligeant toutes les paroiffes du royaume à envoyer dans une époque fixe à ce dépôt, à compter de tel tems que l'on jugera à propos, un double de leurs regiftres, revêtus de la forme ordinaire, & à les envoyer enfuite pareillement chaque année.

Des locataires de maison, appartement & chambres garnies.

IL arrive fans cesse, sur-tout à Paris, des scenes, des catastrophes fâcheuses, par rapport aux locataires. L'hôtel du magistrat, les tribunaux retentissent continuellement de procés à ce sujet. Tantôt, c'est un locataire qui enleve furtivement ses meubles & s'en va sans payer. Tantôt c'est un locataire qui attire chez lui des filles publiques, qui mene une vie très-bruyante & scandaleuse. On ne finiroit pas si l'on vouloit représenter tous les désagrémens, toutes les chicanes qu'essuient des propriétaires, de la part de leurs locataires.

Je crois qu'on pourroit apporter quelque remede à ces inconvéniens, en exigeant que tous les propriétaires, lorsque leurs locataires se retireroient, envoyassent à la police une note signée d'eux, par laquelle ils déclareroient si ces locataires ont bien payé leurs loyers, s'ils ont mené chez eux une conduite honnête, & dans le cas où ils auroient eu quelques difficultés, les spécifieroient. La police tiendroit gratuitement un registre alphabétique des noms avec ces notes, & lorsqu'une personne se présenteroit chez un propriétaire ou principal locataire pour y louer, l'un ou l'autre iroit consulter le registre, & sauroit à quoi s'en tenir. De plus pour éviter les déguisemens & changemens de noms, tout locataire pourroit être astraint

à repréfenter au propriétaire ou principal locataire ,
fon extrait baptiftaire en bonne forme. En voilà affez ,
pour prouver la tranquillité & la fecurité , qui reful-
teroient de ces moyens en faveur des propriétaires , ou
leurs repréfentans.

*Des faillies & avances en charpente & maçonnerie
pratiquées aux maifons & bâtimens de la ville &
fauxbourgs de Paris.*

LE malheur donne fouvent de grandes leçons, mais
fouvent auffi on n'en profite guere. Tout Paris a fu
l'écroulement fubit d'un cabinet en faillie , qui s'eft fait
cette année fur le Pont-Marie. Les officiers de juftice,
qui ont été entraîné dans cet écroulement ont été dan-
gereufement bleffés. Un notaire, entr'autres , l'a été mor-
tellement. Bientôt le bureau des finances s'eft empreffé
de montrer un zele momentané en rendant une ordonnance qui enjoint de démolir dans un mois les
conftructions en faillie. Plus de fix mois fe font écoulés
depuis ; le zele des tréforiers de France s'eft endormi ,
leur ordonnance eft reftée fans exécution , & je fuis bien
fâché d'être obligé de dénoncer publiquement leur
inattention : j'ai prefque dit leur manquement à leur
devoir (*a*).

____

(*a*) Voyez l'ordonnance du bureau des finances du 17
janvier 1783.

De la franchise accordée à Paris aux propriétaires de maisons de campagne, & de terre sur l'entrée de leurs denrées.

La franchise accordée aux habitans de Paris pour les denrées qui proviennent de leurs biens, seroit fondée sur la justice, si elle ne portoit, (& c'est le but de la loi) que sur le *quantum* de leur consommation, & si l'on pouvoit apprécier ce *quantum*, parce que payant des impôts propotionnels à leurs possessions foncieres, il ne seroit pas juste qu'ils les payassent presque doublement & sur la glebe & sur les fruits qu'ils consomment. Mais qu'arrive-t-il ; c'est que quantité de propriétaires tirent de leurs terres des denrées qui excédent leur consommation, & qu'ils vendent cet excédent, & au même prix que le malheureux cultivateur des environs de Paris qui, comme eux, a payé les impôts du sol producteur de ces denrées. Il arrive encore que bien des gens font venir à Paris des denrées de la campagne dont ils ne payent aucun droit d'entrée, parce qu'ils les font passer sous le nom d'une personne qui jouit de l'immunité de ce droit. Il résulte delà que la loi qui avoit un bon motif, n'a pu & ne peut être exactement suivie, & qu'il en découle trop d'abus.

Or, comme on ne peut pas la rectifier, qu'elle n'est qu'une loi de police, je crois qu'il seroit à propos de l'abolir d'autant plus que presque tous ceux qui ont des terres, des maisons de campagne, sont ou riches ou aisé, & qu'en payant les droits ordinaires, il rentrera dans les coffres du roi, une heureuse exubérance de revenu qui le mettra à portée de satisfaire le desir ardent qu'il a de soulager le peuple, & que dans une nation bien policé, le riche ne doit pas jouir de privileges abusifs aux dépens du pauvre.

Des Corvées.

ON a assez de fois parlé & écrit sur les abus des corvées, pour que je n'y insiste pas. Mais je dirai qu'on peut en rendre le joug plus léger aux gens de campagne. Je passe à la preuve.

Il y a en France quantité de maisons de force où l'humanité gémit, languit, & meurt mille fois. Ceux qui y sont renfermés sont de mauvais sujets : il faut le croire ; mais ils sont hommes, & ils sont traités avec la plus grande dureté par des especes de sauvages. Ils sont détenus pour être punis de leurs vices ; la rage, & le désespoir où les plonge une dure captivité ne les corrigent point ; l'oisiveté les rend encore plus vicieux : l'oisiveté ! Eh ! comment laisser ainsi dans l'inaction, dans le plus grand désœuvrement, des sujets qui doivent revenir dans le monde ! Aussi arrive-t-il souvent qu'ils y entrent pires qu'ils n'en font fortis. Le magiſtrat éclairé qui gouverne la capitale a ſi bien ſenti ces abus, ces funeſtes conſéquences, qu'il a fait établir des laboratoires, des atteliers au château de Bicêtre. Mais combien encore de captifs en ce lieu ſont inoccupés ! (*a*) & combien reſte-t-il de maiſons de force où il n'y a pour eux aucun genre de travail !

On pourroit les employer tous aux corvées, en leur mettant une chaîne au pied avec un boulet. Ils auroient des inſpecteurs à leur tête qui les commanderoient, & les feroient aller dans tous les lieux où ils feroient néceſ-faires. Ils camperoient par-tout ſous des tentes & ſe-roient diſciplinés comme les ſoldats connus ſous le nom *de ſoldats de la pioche*. L'état leur fourniroit des che-vaux, des voitures, des outils &c. Les villages qui paient trés-chers des ouvriers pour faire la tâche qui leur eſt impoſée, ceux qui font leur tâche eux-mêmes & à qui il en coûte toujours beaucoup, en feroient déchargés en remettant une modique ſomme au fiſc. Cette ſomme ſerviroit pour le paiement des chevaux, voitures & ou-tils (*a*). Ils feroient un peu mieux nourris & recevroient de tems en tems quelques récompenſes : ils pourroient

---

(*a*) Il y a quatre à cinq mille priſonniers à Bicêtre.

(*b*) On pourroit faire conduire deux ou trois pavés par tous les charetiers, ainſi que cela ſe pratique en Allemagne.

auffi fervir pour les feigneurs, les corvéables leur donnant un falaire convenable. L'hiver ils reviendroient dans les maifons de force, & on les occuperoit à quelques ouvrages de filature ou autre également facile.

On dira peut-être qu'il y a des jeunes gens de famille dans ces maifons : qu'il fera odieux de les occuper à des ouvrages fi groffiers ; de leur attacher une marque d'opprobre par le boulet ; qu'on pourra les reconnoître ; ce qui feroit de la peine à leur famille.

Je réponds que ce fera rendre fervice à tous que de les employer ainfi, & que fi on les interrogeoit auparavant, ils diroient unanimément qu'ils préféreroient ce genre de vie. Au refte, tous les hommes font nés pour le travail, & il n'y a point de diftinction à faire entre ceux-ci. Les fautes, les vices les ont fur-tout rendus égaux. Le boulet n'aura rien d'infamant pour eux, quand on confidérera qu'aucun jugement ne les y aura condamnés, & que cette peine ne fera qu'un échange de celle de leur affreufe incarcération. Les familles n'ont point à craindre qu'on les reconnoiffe, ils feront toujours affez empreffés de fe cacher, & fi le defir de voir, de reconnoître, leur fait lever les yeux, la honte leur fera bientôt baiffer. D'ailleurs, leur vêtement foldatefque, la fatigue du travail, leur teint bruni par les ardeurs du foleil, les rendra toujours méconnoiffables.

Eh, quel mal, quand on en reconnoîtroit quelques-uns ! ne s'apperçoit-on pas du vuide qu'ils laiffent dans une famille ? Ne fait-on pas que des enfans qui fe font mal conduits, font détenus dans les liens d'un ordre du roi. Loin qu'il réfulte un mal de cette publicité, il en naîtroit un plus grand bien, parce que l'exemple étant public, apparent, il eft plus frappant & plus capable de contenir la multitude.

Des Moines.

Nos ancêtres ont donné beaucoup de biens-fonds aux moines, parce qu'ils ne favoient prefque qu'en faire. L'agriculture étoit dans le fommeil de l'enfance : on dédaignoit de s'enrichir par le travail le plus noble : je dis le plus noble, car il n'en eft pas de plus utile, de plus digne de la vénération des hommes, & que la charrue fit jadis un dieu de fon inventeur.

Dans cet état de ftupeur, on a livré tant de terreins précieux à des hommes qui, partie par intrigue, partie par parefle & par un mouvement virtuel de dévotion, s'étoient réunis en fociété. L'intérêt qui regne dans les cloitres, peut-être plus qu'ailleurs, leur a fait fentir qu'en donnant beaucoup de foins à la terre, elle les reconnoîtroit au centuple : en conféquence, ils ont avidemment défriché tout ce qui s'eft trouvé à leur convenance, & par-là font effectivement devenus très - riches (*a*) , & chofe finguliere que je n'ai jamais manqué d'obferver dans mes voyages , c'eft que la plupart de ceux qui habitent hors des villes , ont recherché ces pays heureux , où la nature déploie le plus de richeffes , & comble le cultivateur de fes plus grands bienfaits : femblables à ces plantes para-fites qui ne fe plaifent à croître qu'aux pieds des plus grands arbres.

Ils ont donné des leçons à ceux qui leurs avoient donné leur bien. On les prit pour maîtres dans l'art de s'enrichir. Les éléves font bientôt devenus ingrats. L'envie s'eft déchaînée. La chicanne a allumé le feu des procès & prefque toujours l'efpece de fociété inamovible : les moines ont triomphé , parce que plus entendus , plus éclairés , ils avoient , ou du moins leurs chefs (*b*) avoient

---

(*a*) Les moines fe font encore fort enrichis par les emprunts viagers qui font de leur invention. Malgré les défenfes qu'on leur en a faites , il y a toujours des maifons religieufes qui prêtent fecretement à rentes viageres , & fans écrit , fans titre : beaucoup de particuliers leurs vendent leur poftérité à dix pour cent. Ainfi les moines font doublement tort à la population , cette premiere fource de la richeffe & de la profpérité des empires.

(*b*) Je n'entends ici par chefs que les feuls fupérieurs particuliers. Je referve à parler des généraux dans un ouvrage où je traiterai plus amplement du clergé, des abus qui ont réfulté de l'autorité confiée à ces généraux , d'une multitude de petits corps religieux qui , réunis fous leurs ordres abfolus fe font rendus , & peuvent encore devenir des coloffes redoutables pour les

adroitement pris leurs précautions , & cimenté l'édifice de leur fortune par des actes irréfiftibles.

Aujourd'hui le voile eft tombé : on a vu que les moines étoient des hommes affez fouvent plus hommes que les autres (*a*). La lumiere propagée de proche en proche , a fait voir qu'il étoit inutile que des moines fuffent fi riches , que des moines même n'étoient pas fort utiles : on en a réformé, fupprimé. L'intérêt des mœurs & de la religion fait conferver ceux qui fe devouent réellement & publiquement à leur foutien & à leur culte.

Mais il en eft encore qui font au monde des êtres prefque étrangers, & qui n'en font connus que par leurs

états ; des privileges & diftinctions uniques accordés au clergé, de la tolérance dangereufe de fes affemblées dans un état monarchique , de fes poffeffions , de l'adminiftration , de la nature de fes poffeffions , de fes droits feigneuriaux , de cens , de directes , &c. & des préjudices que leur perpétuabilité dans fes mains caufe à l'état & au peuple.

(*a*) Un roi d'Angleterre à qui un prêtre audacieux reprochoit hautement trois vices capitaux, l'avarice , l'orgueil & la luxure, lui répondit : *je vais m'en défaire puifque vous le voulez ; je donnerai mon avarice aux moines ; mon orgueil aux templiers , & ma paffion pour les femmes , aux prélats de mon royaume , &c.*

L'abbé de Beaulieu , jouant à la paume avec François I , fit un coup de raquette qui décida la partie. Le roi piqué du coup , lui dit : *pefte foit de toi ! je te donne au diable de bon cœur. Sire , vous me faites bien de la grace , lui répondit-il , je te fais grace , reprit le roi étonné. Oui , Sire , de ne pas me donner à mes moines. Combien avez-vous de religieux dans votre abbaye ? lui demanda le roi. Je fais le compte de mes moines , répondit l'abbé ; mais j'ignore celui de mes religieux.*

riches poffeſſions , & pour tout dire , par la maniere noble , honnête & généreuſe avec laquelle ils accueillent les voyageurs (*a*). Ceux - là , s'ils échappent au torrent de la ſuppreſſion : torrent qui , ſemblable à un fleuve qui ſe déborde , ſe déchaine , renverſe des maſſes , briſe des digues pour aller répandre au loin la fertilité : ceux - là , dis - je , devant compte à l'état de leur exiſtence , de leurs richeſſes , de leur force , de leur bras même , plutôt que de leur eſprit , doivent auſſi comme les autres hommes , honorer la Divinité autant par leur travail que par leurs prieres. Il faut donc qu'ils rendent à Céſar ce qui eſt à Céſar , & à Dieu ce qui eſt à Dieu ; il faut qu'à l'exemple de leurs prédéceſſeurs , ils cherchent dans le ſein de la terre de nouveaux tréſors. Ils doivent donc aller habiter de nouveaux lieux , où la nature encore brute , attend que la main des hommes & du tems , briſe ſes liens. Ils ſont nos ſemblables , nos freres : à ce titre , ils deſirent ſans doute de nous être utiles : or , ils ne peuvent l'être d'avantage qu'en défrichant cette immenſité de terreins incultes qui , dans la plupart des provinces du royaume , ſollicitent depuis

---

(*a*) Ils rempliſſent en cela très-bien leur devoir , ſur-tout les Bénédictins : leur conſtitution les obligeant à donner l'hoſpitalité à tous les voyageurs , dans leurs maiſons éloignées de plus deux lieues des villes : ils ſont de plus que les autres , connus par les ſervices importans qu'ils ont rendus aux ſciences & aux lettres ; & à cet égard , ils ſeront toujours dignes des plus grands éloges.

long-tems les foins de cultivateurs induftrieux : qu'en frayant des routes & en defféchant ces marais ingrats & contagieux qui ne peuvent s'étancer & fe purifier qu'à force d'or ; & qui plus qu'eux peut remplir ce généreux deffein !

Des Moineaux.

LE nom de moineau a beaucoup d'affinité avec celui de moine , & peut-être pourroit-on trouver une comparaifon entre cet oifeau parafite & un moine ; mais on auroit l'air de courir après l'efprit en cherchant la raifon.

Le moineau fe nourrit de bled : on a obfervé qu'il en confommoit par an un boiffeau. La multitude de moineaux en France eft infinie, donc la quantité de bled perdu eft immenfe.

Profitons de l'induftrie & de la fageffe de nos voifins : il exifte en Angleterre une loi qui oblige chaque habitant de la campagne à repréfenter tous les ans dix moineaux morts , lorfqu'il paie l'impofition. Adoptons une loi fi favorable au bien public. Son exécution fera très-facile , & pour ne point effaroucher nos feigneurs féodeaux , qui pourroient s'imaginer qu'on ne pourroit l'exécuter fans tirer des coups de fufil fur leur terre , & profiter de ce prétexte pour atteindre leur gibier : j'obferverai que la loi peut porter qu'on ne recevra

aucun moineau qui aura été frappé de plomb. Au refte ,
on connoit affez les différens pieges avec lefquels on
peut prendre les oifeaux.

Des chiens , des chats , des oifeaux.

IL eft étonnant combien dans les villes, & principalement à Paris, le peuple s'occupe de chiens, de chats
& d'oifeaux ; & combien il en coûte pour les nourrir !
Au premier coup-d'œil on regarde cela comme une
vétille, & peut-être même va-t-on me reprocher d'a-
bord de defcendre dans des détails futiles & minutieux ;
mais lorfqu'on y aura réfléchi avec moi, j'efpere que
l'on penfera différemment.

Qu'un grand feigneur, un prince aie une meute
confidérable, des animaux de toute efpece, il n'y a
rien à dire ; ils paient la capitation à raifon de leur
rang. Tous ces animaux femblent ne leur rien coûter,
vu leurs grandes richeffes, & ne les empêchent pas de
faire du bien, de diftribuer d'utiles générofités, de
répandre fagement des bienfaits ; mais qu'un fimple
particulier fe donne tous ces objets de fantaifie ; c'eft
un abus, c'eft un manquement à la fociété ; c'eft, je ne
crains pas de le dire, un outrage fait à l'humanité.
En effet, un particulier aura trois ou quatre chiens,
autant de chats, je ne fais combien d'oifeaux. Certaine-

ment le prix de la nourriture de tous ces animaux seroit suffisant pour nourrir un homme.

Mais ce même particulier ne fera pas la moindre chose en faveur de son semblable, & ne donnera pas du pain à un pauvre misérable. Une femme préférera son chien, son chat, son oiseau, à un mari, à des enfans, à tous l'univers. Si son chien souffre, elle se trouvera mal, & on en a vu pleurer la mort d'un chat, & ne pas donner une larme à la perte d'un parent, d'un époux.

Il y a plus, il existe dans Paris quantité de petits ménages qui vivent des fruits de la servitude, ou des deniers de la charité, qui usurpent la pitié, qui se rangent dans la classe des pauvres, ne paient aucun tribut au prince, & entretiennent dans leurs foyers une multitude d'animaux qui infectent l'air, & ces gens se disent pauvres, & ils ne contribuent point aux charges publiques, & ils ne soulagent en aucune maniere l'humanité souffrante. Eh ! qu'on ne dise pas ici que j'exagere : tout Paris a sous les yeux la preuve de ce que je dis.

Que les femmes, & sur-tout ces sirenes enchanteresses qui, à prix d'argent, sacrifient à la nature, les charmes que la nature même leur a donnée, consomment à colorer l'édifice de leurs cheveux, à brillanter leur teint, à donner à leurs mains tout l'éclat de la blancheur, consomment, dis-je, à orner leur corps, une matiere propre à le nourrir (*a*) ; c'eſt une de ces erreurs du luxe qu'on ne peut guere détruire , parce que le luxe lui-même , hélas ! eſt devenu ſi puiſſant qu'il eſt preſque un beſoin.

Mais la manie d'établir chez ſoi une ménagerie : manie qui ne dérive point du luxe , qui n'a aucune utilité qui, comme je l'ai fait voir , eſt au contraire pré-judiciable , ſoit par une conſommation ſuperflue d'ali-mens , ſoit par l'inſalubrité qui en réſulte , ne ſauroit trop tôt être réprimée. Que chaque ménage particulier aie un chien, un chat, un oiſeau, c'eſt aſſez : ou qu'au-moins , ceux qui veulent en avoir davantage paient une taxe qui tourne au profit des pauvres.

(*a*) La poudre à cheveux eſt de la farine de froment bien ſaſſée. On ſophyſtique la poudre avec de l'amidon, de la craie, & de la chaux. L'uſage de cette poudre ne date que du ſei-zieme ſiecle : & même ſur la fin du ſiecle paſſé, il n'y avoit que les comédiens qui s'en ſervoient pour paroître ſur le théatre. Ils avoient ſoin de ſe peigner & de ſe dépoudrer quand le ſpec-tacle étoit fini. Actuellement toutes les têtes ſont poudrées : on pommade déja celles des chevaux ; leur toilette eſt auſſi longue que celle d'une petite maîtreſſe : & je ne ſerai pas étonné de les voir bientôt poudrés : on propoſe bien des prix : on fait de belles découvertes ; mais on ne s'eſt pas encore occupé des moyens de faire de la poudre pour les cheveux ſans y em-ployer de fraine.

Des cloches.

L'USAGE des cloches fut introduit en France en l'année 550 : les groſſes cloches ont été inventées à *Nola* dans la campagne de Rome vers l'an 400 : avant ce tems-là, on convoquoit les fideles pour le ſervice divin , en frappant ſur certaines planches qu'on nommoit pour cet effet planches ſacrées. Les petites cloches ſont d'une invention très-ancienne : on la doit aux Chinois ; auſſi en mettent-ils dans tout. Leurs pavillons , leurs pagodes en ſont remplis.

Les cloches ſont fort inutiles & même nuiſibles. Dans les provinces, elles étourdiſſent tout le monde , & ſouvent attirent le tonnerre à cauſe de la malheureuſe & tenace habitude que l'on a de les faire retentir lorſque la nuée eſt au-deſſus des clochers. Cette bruyante famille minérale s'eſt tellement propagée , que ſi cela continue , bientôt on ne s'entendra plus.

On ſe fait gloire parmi les gens d'égliſe , d'avoir les plus groſſes ſonneries : je me rappelle à ce ſujet un ſingulier procès, qui exiſta entre la cathédrale de Troyes & l'abbaye de Saint - Loup , maiſon de Génovéfins de la même ville. Saint-Pierre (c'eſt le nom de cette cathédrale) , a fait aſſigner Saint-Loup, à ce qu'il aie à diminuer ſa ſonnerie, attendu qu'elle étoit plus forte , & plus belle que la ſienne , ce qui , diſoit-il, ne devoit pas être , parce qu'il avoit le droit de faire plus de bruit que les autres églises. Enfin fur ce grand procès , intervint arrêt du parlement de Paris , qui très-juftement déclara St. Pierre non-recevable dans fa demande , avec dépens , & cependant lui permit de faire faire des clo- ches qui fonnaffent plus fort & mieux que celle de St. Loup. St. Pierre a profité de la faveur que lui avoit accordé le parlement , & il a en effet, tout nouvellement fait fondre des cloches plus étourdiffantes que celles de St. Loup. De forte qu'actuellement, quand les clo- ches de ces deux églifes voifines fonnent en volée, il faut abfolument fe boucher les oreilles , & il ne tardera pas à y avoir beaucoup de perfonnes fourdes dans ce quartier-là.

A Paris, la plupart des paroiffiens n'entendent pas les cloches de leur demeure : le bruit des voitures, le tumulte du peuple en empêchent. Souvent auffi le vent détourne leur fon, & le porte vers ceux qui ne font pas de la paroiffe.

Les groffes cloches ont été introduites en France avant l'art de l'imprimerie (a) : je crois qu'au moyen de cet art, on peut fe paffer de cloches dans les villes , les vendre , les fondre , pour en faire de la monnoie des canaux , &c. démolir les tours & les clochers dont l'en-

____

(a) L'invention de l'imprimerie eft de 1438 ; elle prit naif- fance à Mayence , & elle la dut à Jean Guttenberg.

tretien eft toujours coûteux , & du produit qu'on en tirera , ou autrement payer des affiches imprimées , pour
indiquer les jours & heures du fervice divin : affiches
qu'on mettra dans les rues du territoire de la paroiffe ,
autant de fois la femaine qu'il fera néceffaire (*a*).

A l'égard des campagnes , les cloches y font utiles
pour appeller les habitans éloignés & pour les affemblées.
D'ailleurs le peuple agrefte , tient encore tellement aux
préjugés , qu'il fe défefpéroit , s'il n'entendoit plus la
voix d'une cloche. Que l'on en conferve donc une où
deux dans chaque clocher de village , c'eft affez.

*Des mefures & proportions qui pourroient être obfer-
vées dans l'emploi du revenu des gens d'églife.*

Avant que de parler de la jufte diftribution qui eft
à faire dans les revenus eccléfiaftiques , il faut en donner
une idée. Voici donc le tableau qui en a été fait.

D'abord on a compté vingt-trois archevêchés métropo-
litains, dont dix-huit en France , trois en pays étrangers,
Treves , Mayence & Terragone , & deux hors du con-
tinent, favoir , Claudéopolis en Afie , & Carthage en
Afrique.

____

(*a*) Dans les cas d'incendie on fe ferviroit d'un tambour
pour avertir.

Cent dix-huit évêchés, feizes abbayes en chefs d'ordre, ou de congrégations religieufes, treize cent cinquante abbayes régulieres, compris feize abbayes royales : cent-quarante mille cures ou paroiffes, douze mille quatre-cent prieurés, deux cent-cinquante fix commanderies de Malthe, cinq-cent cinquante fept abbayes des deux fexes, quinze mille deux-cent chapelles, fept-cent couvens de mendians (*a*).

Dans ce que deffus ne font point compris les congrégations de l'oratoire, des miffions étrangeres, l'ordre de St. Lazare de la doctrine chrétienne, les feminaires, les dignitaires, les chanoines des métropoles & des collégiales.

Déclaration des biens de tous les différens ordres, communautés, membre du clergé par dons, legs & acquets, non-compris les patrimoniaux lors de l'affemblée de 1655.

Savoir :

9000 châteaux,

250000 métairies,

(*a*) On a obfervé que plufieurs de ces moines étoient autant de fang-fues qui dévoroient & confumoient dans leur oifiveté, la plus pure fubftance, c'eft-à-dire, le plus clair produit de l'état ; qu'en outre, rélativement aux fouverains, c'étoit autant d'antagoniftes fecrets, les plus dangereux ennemis de la monarchie & de la puiffance temporelle que l'on nouriffoit dans l'état contre les regles de la vraie politique. Un évêque les a comparé à une cruche qui fe baiffe pour s'emplir.

17000 arpens de vignes,

 3000 arpens de vignes,

dont ils retirent tous les ans le tiers du produit.

Plus, les cens annuels, droits feigneuriaux & les dimes.

Le revenu de ce bien, fuivant la même déclaration montoit à quatre-vingt-douze millions d'écus ou deux cents foixante & feize millions de France de ce tems-là, à 3 livres, ci . . . . 276,000,000 liv.

Et la réferve portée par les baux à douze millions d'écus, qui, réduits en livres tournois, font   36,000,000

——————
312,000,000

Ces articles feulement montoient à 312 millions fans y comprendre les produits annuels des bois, des moulins, des tuileries, forges, fcieries, fours bannaux, preffoirs &c., que ces gens de main-morte font ordinairement valoir par leurs mains.

On a remarqué avec raifon, que comme la France s'eft beaucoup aggrandie depuis 1655, par les conquê-tes de l'Alface, Franche-Comté, Rouffillon, d'une partie de la Flandre, du Hainault, de l'Artois, & par la réunion de la Lorraine & du Barois; confequemment l'état a été augmenté d'un grand nombre de prieurés, d'abbayes féculieres & régulieres des deux fexes, ainfi que de de maifons & couvens de différens ordres poffédans des domaines. Les biens & revenus font donc au moins à deux-cent millions des produits annuels, eu égard à la valeur & au produit, alors (c'étoit en 1766) des fonds presque doublés depuis un siecle (*a*) ; ainsi l'on pouvoit porter avec équité les revenus du clergé de France à cinq cent douze millions , ci 512,000,000

Sur cette somme est déduit le cinquieme par rapport aux charges des bénéfices , leur desserte , l'entretient, réparations , décorations des églises, ornemens, linge &c. , ce cinquieme déduit est de cent deux millions quatre cent mille livres, ci 102,400,000

Reste donc en bien purement temporel quatre cent neuf millions six cents mille livres, ci . . 409,600,000

                                        512,000,000

Il ne faut pas perdre de vue, que c'est en 1766, que ces calculs ont été faits, & par conséquent, il y a 17 ans, & que depuis ce tems-là , les biens fonds ont encore considérablement augmenté de valeur. Le produit seul de cette augmentation peut entrer en ligne de compte pour les subventions que le clergé rend actuellement au roi. D'après cela, il est constant que le revenus du clergé surpassent ceux du roi.

Réduisons maintenant le clergé lui-même à sa juste

(*a*) Cette note est pour prouver que les trois cents douze millions de revenus qu'avoit le clergé en 1655, le prix du marc d'argent fin étant pour lors à 28 liv. 13 sols 8 deniers , & aujourd'hui à 54 liv. 6 s. , rendent 590 millions 642 mille 650 livres ; ainsi l'augmentation de leurs revenus est de 278 millions 242 mille 650 livres de plus qu'en 1655 , sans compter les résultats de l'addition des bénéfices des pays conquis.

valeur.

valeur. Voyons quels en font véritablement les membres utiles qui, par conféquent, méritent d'avoir part à fes revenus. Voyons enfuite quels font ceux qui ne font pas néceffaires, & qui même font dans un certain fens à charge à l'églife & à l'état.

Les membres vraiment utiles du clergé, font les curés, vicaires, deffervans, facriftains & prêtres habitués. On vient de voir qu'il y a en France cent-quarante mille cures ou paroiffes. Il y a donc cent-quarante mille curés ou à-peu-près, car il y a des curés qui deffervent deux & quelquefois trois paroiffes. On doit éviter cette inégalité qui fe trouve dans l'ordre de leurs revenus (a) ; les uns ont 500 livres ; les autres 1000 ; les autres 2000 ; d'autres jufquà 10, 12, 15 mille livres. Je maintiens qu'un curé ne peut pas vivre décemment & faire fon devoir avec 500 liv. Il eft dans un village pauvre, il ne peut pas répandre d'utiles charités. Il eft dans le cas de donner l'hofpice à des voyageurs, il ne le peut pas. Enfin, il eft obligé d'avoir de baffe complaifances pour fes paroiffiens qui fuppléent par de libéralités à la médiocrité

____

(a) Et ne m'oppofez point, meffieurs, l'opulence de l'églife, cette fource accrue de tous les tréfors du tems, dont les ruiffeaux habilement dirigés devroient s'épancher jufques fur les dernieres claffes de fes miniftres. (M. l'abbé de Boifemont : difcours prononcé en 1782, dans l'églife de la Charité de Paris, à l'occafion de l'étabiffement d'un hofpice fondé par les foins du pere Gérard fupérieur de cette maifon pour les pauvres prêtres malades.)

K

de ſes revenus, ou de s'occuper de toutes autres affaires que celles de ſon état ; auſſi en voit-on qui ne doivent preſque leur exiſtence qu'au commerce & même
au maquignonage.

Et combien cette diſtribution inégale n'excite pas
d'envie & de jalouſie ; n'arrive-t-il pas tous les jours qu'un
curé plus riche qu'un autre , prend vis-à-vis de lui un
air de ſupériorité qui ne convient à perſonne , & encore
moins aux miniſtres des autels ! Ne les voit - on pas
tous les jours s'efforcer de s'arracher la patrimoine de
l'égliſe , & ſe trainer comme des furieux dans l'arêne
de la chicane ! Un grand poëte a dit qu'au palais on
vivoit des ſottiſes d'autrui , on peut ajouter , & ſur-tout
des prêtres , car il eſt certain que le clergé l'alimente
plus à lui ſeul que les autres états.

Chaque curé de ville devroit, à mon avis , avoir
4000 liv. de revenu , & chaque curé de campagne 2000 ;
les vicaires de ville 1500 ; ceux de campagne 1000 liv.
& les ſacrifians & habitués 1200 liv. , à condition qu'ils
renonceroient tous aux honoraires de baptême , mariages , enterrement, & généralement à toutes ces petites
rétributions honteuſes qui les aviliſſent & dégradent la
religion (a).

____

(a) Il y a peu de tems, un clerc de convoi d'une grande
paroiſſe de Paris , produiſit le mémoire de frais d'enterrement
d'une dame de qualité , qui montoit à 700 livres ; ce mémoire

On pourroit donner de plus fortes fommes aux curés de Paris, & proportionnellement à l'etendue de leurs paroiffes.

Trente mille livres de rente font fuffifantes pour un archevêque, & ving-cinq mille pour un evêque ; d'ailleurs ces fommes fe doubleront pour eux, lorfqu'ils fe réduiront à aller les dépenfer dans leur diocèfe.

Des docteurs de l'églife ne vont pas manquer de s'écrier en me faifant l'honneur de parler de moi " Cet homme-là eft un fot ou un fou ; comment, il ne confidere pas qu'aucune puiffance n'a le droit de toucher à notre temporel, & l'entretien & les réparations de nos biens & nos aumônes, comment pourrons-nous y pourvoir avec fi peu de revenu ? „

Je leur répondrai en peu de mots, que le chef d'un état a le droit de détruire tous les abus qui s'y trouvent. Qu'il a droit & intérêt d'empêcher qu'aucun corps politique ne foit fupérieur en richeffes aux autres corps & à lui-même. Que quant aux biens & à leurs réparations, Sa Majefte s'en chargera. Qu'elle diftinguera toujours par de juftes récompenfes les membres recommandables de l'églife ; qu'elle faura faire diftribuer véri-

---

fut préfenté au refpectable magiftrat que le Châtelet a l'honneur d'avoir pour chef, il le taxa à 380 livres.

tablement d'utiles aumônes , & qu'elles s'en épargnera beaucoup en détournant de deſſus le pauvre le poids des impôts en le reverſant ſur le riche , & par une ſage économie des biens retirés des mains du clergé.

Si ces raiſons ne leur ſuffiſent pas , je leur dirai , vous êtes frappés d'une incapacité abſolue, d'une impuiſſance légale pour contracter avec la ſociété civile ; vous êtes mineurs & perpétuellement mineurs ; vous ne pouvez agir que ſous l'autorité de la nation votre tutrice ou de ſes repréſentans ; elle ne peut jamais vous devoir aucun compte , parce que vous ne pouvez jamais être majeurs ; elle ne vous doit par honneur, par piété & par humanité, que l'entretien. Tous les biens dont vous jouiſſez abuſivement ne vous appartiennent pas. Ils ne ſont qu'un ſimulacre de propriété , une propriété idéale dans vos mains qui n'y ſera & ne peut jamais être réelle , attendu que vous êtes pour toujours mineurs : elle a bien voulu vous en laiſſer la jouiſſance précaire ; elle a bien voulu vous la conſerver ſous votre nom ; mais uniquement comme le gage libre des frais d'entretien qu'elle a laiſſé à votre diſcrétion , en faveur de votre renonciation irrrévocable aux effets de la majorité civile , de votre dévouement au culte de la religion & de vos prieres ; mais encore une fois , ce gage ne vous appartient pas , l'état peut en diſpoſer comme de choſe à lui appartenante : vous n'avez rien & ne pouvez rien avoir.

En paroiſſant vous donner , c'eſt à l'état qu'on a donné réellement ; & toutes ces donations, fruits du zele d'une multitude de familles ont été faites pour mettre à jamais les rois dans l'heureuſe impuiſſance d'étendre ſur tous leurs ſujets un impôt proportionné au revenu de ſes biens pour ſubvenir aux frais de votre entretien.

Si enfin ils ne ſe rendent pas à ces argumens, je leur dirai : vous tous miniſtres de l'égliſe, comme mineurs perpétuels, vous êtes de droit atteints d'une mort civile : comme morts civilement, vous ne pouvez recevoir, donner, vendre & acheter. Perſonne ne peut vous y autoriſer, & toutes les autoriſations que vous avez pu ſurprendre des repréſentans de la nation, ſont nulle de plein droit. Dieu, tout-puiſſant qu'il eſt, ne peut pas faire que ce qui eſt ne ſoi tpas, & le roi quoique très puiſſant, ne peut pas faire que le clergé, *dont la main eſt morte*, qui eſt mineur perpétuel, qui, comme tel eſt, collectivement mort civilement, ne le ſoit pas , que conféquemment il puiſſe poſſéder à titre de propriété aucun bien.

Si vous avez privativement la faculté d'eſter en juſtice, de ſuccéder, d'eſter : vous ne la devez qu'à un relâchement du pouvoir national, royal & légal. On a bien voulu vous l'accorder pour vous donner la facilité de payer vos études, vos grades, les droits exorbitans de la cour de Rome, & en même tems peut

avoir dans votre patrimoine un garant de l'entretien
& réparation des biens dont on vous a confié la jouiſſance. Mais toujours, eſt-il vrai, que mineurs perpétuels, collectivement. & à ce titre, implicitement morts
civilement aux yeux de la loi & de l'état ; vous l'êtes
auſſi privativement & individuellement : que la nation
& le roi peuvent rendre à la loi toute ſa force contre
tous les individus frappés de mort civile du nombre
deſquels vous êtes moralement & légalement, & qu'en
rendant doublement à votre égard cette force à la loi,
vous êtes nuls, vous n'avez rien à demander.

Auguſtes miniſtres de la religion, ceſſez donc de
vous aveugler ſur vos prétendus droits. N'abuſez point
d'une bénigne tolérance, d'une ancienne & pieuſe crédulité. Le divin paſteur vous a donné l'exemple de la
modeſtie & de l'humilité : ſuivez-le. Il a dépoſé ſur
vous toutes les vertus chrétiennes : c'eſt le ſeul bien
qui vous appartient, cultivez-le. Diſtinguez-vous par
a pureté de vos mœurs & par vos bonnes œuvres, vous
attirerez ſur vous un regard complaiſant de l'Eternel
& la vénération des peuples. Sujets religieux, citoyens
fideles, ſoumettez-vous enfin aux loix juſtes & bien-
faiſantes de la nation & du prince. Dans un reſpectueux
ſilence, attendez tout de leur généroſité éclairé, & vous
retrouverez une conſidération plus grande & plus pure
que celle que vous aurez perdue, lorſque vous aurez

renoncé aux faux éclat des biens paſſagers de la terre.

Des abbés & prieurs, ſont des êtres oiſeux, & qui n'ont la plûpart d'autres occupations que de s'engraiſſer du bien de l'égliſe. Si on veut les conſerver, ils feront trop heureux qu'on leur laiſſe à chacun 4000 liv. de rente, c'eſt-à-dire, à ceux dont les bénéfices rapportent davantage ; s'ils ne ſont pas contens, ils ſerviront le roi & l'état d'une maniere plus utile. L'intention des fondateurs n'a point été de les faire jouir de ſi gros revenus pour ne rien faire.

A l'égard des maiſons religieuſes, on a vu plus haut la deſtination du produit de leurs biens, ce qui n'empéche pas qu'on ne réduiſe beaucoup de ces maiſons, vu ſur-tout les diſproportions qu'il y a dans leur revenu, le vice du régime de certaines, les richeſſes exceſſives de quelques-unes, & l'extrême pauvreté de quelques-autres (a).

Quant à ces religieux mendians qui ne doivent leur exiſtence qu'à une crédulité mal-éclairée, qui s'enrichiſſent, en faiſant des vœux de pauvreté, qui, au ſein de l'abondance, mettent à contribution la pitié publique, qui introduiſent dans le cloître toutes les licences du ſiecle, ou qu'ils ſoient renfermés pour tou-

____

(a) Toutes ces maiſons vacantes pourront être d'une grande utilité dans beaucoup de villes, en les faiſant ſervir de caſernes pour les gens de guerre.

jours dans leur enceinte facrée , ou qu'ils foient entiérement fupprimés.

Il eft cependant dans l'ordre des mendians , deux
claffes de religieux qui méritent d'être diftingués , &
qui font même dignes d'éloges. Les premiers font les
freres de la Charité : s'ils reçoivent des dons du peuple :
quel généreux ufage ils en font ! Le bienfait devient
entre leurs mains, ce que devient un grain de bled
confié à la terre. Ces pieux folitaires nous donnent le
plus bel exemple de vertus , en fecourant l'humanité
fouffrante. Avec quelle vigilance , quel zele , ils foignent
les malades ! Avec quelle douceur , quelle prudence , ils
les traitent ! Comme l'ordre , l'attention , les foins , la
propreté , le calme régnent dans leurs hofpices. Que
la religion fainte , la religion des François s'y rend fenfible & touchante. Ah ! dans cet afyle facré , l'ame la
plus froide , le cœur le plus dur , ne peuvent réfifter
aux élans fublimes , aux mouvemens attendriffans de
la nature. Ici je vois le pere d'une famille pauvre qui
fe félicite d'avoir été confervé à fes malheureux enfans. Là , c'eft un tendre enfant qui fe réjouit de re-
voir le jour pour fecourir de fes foibles mains, celle
qui le lui a donné. Et fi d'un côté tout ce que le
néant de la nature a de plus affreux fe préfente aux
yeux , de l'autre l'indulgente religion étend un voile
majeftueux fur ce trifte fpectacle , en offrant ce qu'elle
a de plus confolant. Béniffons donc le ciel d'avoir

protégé des établiſſmens ſi dignes de notre vénération (*a*), & faiſons des vœux pour leur ſoutien & leur proſpérité.

L'autre claſſe de religieux mendians, eſt celle des Capucins, nom qu'on leur a donné par rapport à la réforme extraordinaire de leur capuchon. Les Capucins ſont entiérement dévoués au culte de la religion & au ſervice du public. Ils prêchent, confeſſent & inſtruiſent la jeuneſſe, deſſervent des égliſes, vont dire des meſſes dans les paroiſſes & les chapelles des châteaux : ce ſont des mendians de bonne-foi : ils ſont vraiment dans une indigence extrême. La plus grande ſimplicité regne dans leurs monaſteres. Ils vivent très-frugalement, & n'abuſent pas de leurs quêtes qui d'ailleurs deviennent de plus en plus ſuccintes. En général, ils ſe conduiſent d'une maniere irréprochable. Ils ſavent remplir les loiſirs du cloître par des occupations utiles : ils ſont ſtudieux, & ont eu des gens habiles dans différens genres.

Ce ſeroit être ingrat que de ne pas les louer de l'empreſſement & du courage avec leſquels ils portent le ſecours dans les incendies. Ils bravent tout-à-la-fois deux élémens, l'eau & le feu. Leur ame, même dans ces terribles momens, ſemble être de feu. Au dernier

---

(*a*) L'ordre des Freres de la Charité, fut inſtitué par St. Jean-de-Dieu, vers l'an 1520.

incendie du théatre lyrique de la capitale ; ils ont montré un courage prodigieux. Enfin, on les a vu dans différentes villes , être les premiers à s'expofer aux flammes , aux plus grands dangers : quelquefois il y en a eu de griévement bleffés , & d'autres qui ont ainfi péris martyr de leur zele.

Je crois donc qu'ils méritent infiniment d'égards. Il feroit bien à defirer que l'on réformat leur coftume ; car outre qu'il eft lourd , chaud & très-fudorifique , qu'il les embarraffe dans les embrafemens , il eft finiftre , effroyable fur-tout aux yeux des femmes , il caufe même des impreffions funeftes à celles qui portent le fruit précieux de l'union conjugale.

Il eft d'ailleurs fi indifférens au culte de la religion, qu'ils foient vétus d'une groffe robe, d'un manteau & d'un capuce d'un gros drap d'une couleur fauvage, qu'ils foient fanglés , qu'ils portent la barbe , des fcandales & une couronne de cheveux.

Il me femble qu'il feroit beaucoup mieux & bien plus fimple , que tous les religieux à l'exemple des prêtres féculiers , s'habillaffent uniformément, & que pour les diftinguer feulement de ceux-ci , ils euffent une foutane blanche : ils font tous voués au culte de la religion , tous égaux : pourquoi ne feroient-ils pas vêtus également ?

Des Évêques.

Nous venons de parler de l'excessive richesse du clergé & entr'autres de celle des évêques. Nous allons maintenant parler d'eux, de leur conduite, de leur administration, avec tout le respect qui leur est dû.

Les évêques interdisent, renvoyent à leur volonté un curé, vicaire, desservant, sacristain, &c. De-là, tant d'appels, comme d'abus, procès toujours trop publics & scandaleux pour la religion : on éviteroit beaucoup de ces scandales : on contiendroit bien des passions, si l'on établissoit une jurisdiction pour juger ces matieres, & si l'on statuoit qu'un prêtre ne pourroit être renvoyé, interdit, que par cette commission judiciaire.

Il n'arrive que trop souvent, que les évêques attirent dans les meilleures places de leurs diocèses, des étrangers, sur-tout des personnes de leur pays. Je ne prétends point les en désaprouver : mais j'obferverai, qu'ils ne doivent accorder cette faveur à leurs compatriotes, leurs protégés, qu'autant qu'il n'y a point de sujets diocésains à placer ; autrement c'est une injustice, c'est dégoûter & détourner des gens bien nés de l'état ecclésiastique. Je ne puis m'empêcher de dire, que j'ai entendu beaucoup de citoyens d'une grande ville, murmurer de cette prédilection singuliere, à l'occasion même d'un prêtre étranger, qui, par sa conduite étrange, faifoit blâmer publiquement le choix qu'en avoit fait récemment l'évêque du lieu. J'ai eu même occafion de voir quelque tems après ce prélat, de lui faire des obfervations à ce fujet, & je puis dire que fa grandeur, ainfi que mademoifelle de. . ., fa refpectable fœur, les ont reçu avec cette fenfibilité délicate qui caractérife les ames grandes, nobles & vertueufes. Je dois même ajouter, que cet illuftre pontife s'expofent rarement à commettre de femblables erreurs, qu'il eft très - zelé, qu'il fait beaucoup de charités aux pauvres, fur-tout à ceux dont la foibleffe du fexe ajoute au malheur & réclame fans ceffe la pitié la plus tendre (a); enfin qu'il eft auffi recommandable par fon auftere piété & la rigidité de fes mœurs, que par les éminentes qualités de fon efprit.

Les évêques manquent effentiellement à leurs devoirs en ne réfidant point ou très-peu dans leur diocèfe. Et qu'on ne dife pas qu'ils obfervent exactement la réfidence : je renverrois d'abord à l'almanach des gens de qualité, qui indique leur nom, leur demeure, en un mot, leur adreffe à Paris, & enfuite je le prouverois d'une maniere inconteftable.

Dans un petit écrit qui a paru pour le foulagement

____

(a) Sans doute il n'imitera pas Beaufremont, évêque de Troies, qui a eu trois enfans qu'il a fait légitimer. Les lettres de legitimation ont été enrégiftrées au parlement de Paris : ceux qui defireront les voir, les trouveront à la tour du palais.

des pauvres en 1652 , & qui a pour titre, propofitions chrétiennes d'un député à la chambre Saint-Louis. On voit qu'autrefois M. le procureur général Bourdin, étoit fi foigneux de faire obferver aux évêques les or- donnances touchant la réfidence , qu'il avoit pour cou-

me quand il apprenoit qu'un évêque avoit féjourné à Paris, plus de quinze jours, (comme il s'en informoit fouvent) de le prier de fe retirer en fon évêché, &c. s'il alléguoit quelque excufe d'affaire légitime , il en prenoit des inftructions & des mémoires, & fe chargeoit du foin & des follicitations néceffaires.

On voit auffi dans le livre des preuves de l'églife gallicane , que M. Dumefnil fon collegue ne manqua pas de zele pour le même fait de la réfidence , car lorfque Charles IX eut envoyé au parlement en 1561, fes lettres patentes touchant la réfidence des évêques , où le roi exceptoit les archevêques & évêques qui étoient de fon confeil privé & autres employés hors le royaume pour fon fervice & bien public d'icelui, durant le tems qu'il s'en ferviroit , M. Dumefnil fupplia la cour de faire des remontrances au roi, à ce qu'il lui plût donner congé aux évêques, étant près fa perfonne pour aller fervir & réfider en leurs évêchés pour un certain tems de l'année.

Mais la cour paffa plus avant, car elle vérifia entié- rement l'édit & s'expliqua de nouveau en termes très- précis : „ c'eft à favoir que l'édit contenu efdites lettres comme saint & juste, conforme à la volonté & commandement de Dieu, constitutions conciliaires de l'église & des loix & ordonnances des empereurs, & rois, & religieux, & catholiques, sera entièrement gardé & observé sans aucune exception ni limitation, soit pour le regard des archevêques & évêques, étant à l'entour de la personne du roi & de son conseil privé, quelconques dispenses, que au contraire on vouloit donner ou obtenir, parce qu'étant la résidence desdits archevêques & évêques, fondée en la volonté & ordonnance de Dieu, comme elle est signament en la dilection de Dieu, qui regarde le soin & superintendance & vigilance desdits archevêques & évêques, sur ceux qui leur sont commis, & ont été baillés en garde, étant le premier & principal commandement de la premiere table ; ce qui seroit fait au contraire, ne pourroit tomber en aucune dispense : & si cas étoit que, au contraire, l'on obtint aucune dispense par importunité ou autrement, la cour n'y pourroit ni devroit obtempérer, comme chose contraire à l'ordonnance de Dieu, & par-tout indispensable, non plus que s'il y avoit lettres de dispense de n'aimer Dieu, ni d'obéir à ses commandemens, &c. „

Claude de Seyssel archevêque de Turin, dans son ouvrage de la monarchie de France, *part. II*, *chap. XIV*, s'exprime ainsi : „ je dis ouvertement que l'une des plus grandes fautes que je voie en l'église, est que les prélats ne font résidence à leurs évéchés : ains sous diverſes occaſions qui procédent bien ſouvent d'ambition, ſuivent les cours eccléſiaſtiques ou ſéculieres. Et à ce que je puis remédier ſelon ma capacité, mettrai peine de le faire : ſi prie dieu qui me veuille donner la grace de l'accomplir, ainſi que je connois le devoir faire, & à tous autres qui ont ſemblable charge.

Voici auſſi des vers qu'un prélat diſtingué, Joachim du Belley, a fait contre les évêques qui ne réſident pas en leurs évêchés. *Extraits d'un diſcours qu'il préſenta à Charles IX.*

„ Tu te nommes paſteur, toi qui n'as foin ni cure
De tes pauvres brebis ni de leur nourriture,
Qui ne les vois jamais, ou bien ſi tu les vois,
Qui n'es pas en un an à grand peine deux fois.
C'eſt par forme d'acquit, ou pour tondre la laine
De ton pauvre troupeau qui nourrit par ſa peine
Ta molle oiſiveté, ton vice & ton plaiſir,
Et pour raſſaſier ton avare deſir.
Puis impudent, tu fais les plaintes & querelles
De tant d'opinions & de ſectes nouvelles,
Qui de toi te dois plaindre, & la faute accuſer,
Non pas comme tu fais, de ton titre abuſer.

. . . .

. . . .

Jadis les bons prélats qui du troupeau de Dieu,
Etoient les vrais paſteurs réſidoient ſur le lieu,
Cognoiſſoient leurs brebis, en faiſoient la revue,
Et ſoigneux les gardoient ſans les perdre de vue.
Maintenant leur demeure eſt à la cour des rois,
Où ils ont plus de train, de chevaux, de charrois,
Que les plus grands Seigneurs & leurs tables friandes
Surmontent l'appareil des perſiques viandes. „

Justinien ce grand législateur a défendu par une loi positive, aux évêques de venir à la cour sans permission expresse, à peine d'encourir son indignation & d'être excommuniés par le métropole : cette défense étoit fondée, ainsi qu'il l'explique, sur le tort que l'absence de l'évêque cause à son diocèse, par rapport aux sommes que les séjours à la capitale les engagent de faire, qu'ils doivent employer à soulager les pauvres (*a*).

On ne finiroit pas si l'on vouloit rapporter toutes les loix, les autorités, les mercuriales qui obligent les évêques à résider. Nous ne sommes plus heureusement dans ce tems de foiblesse & d'ignorance où l'on pouvoit craindre leur autorité sans borne, l'excommunication, (*b*) pour les forcer à rentrer dans leur devoir :

---

a) Au moment de la mort d'un évêque opulent & avare, l'empereur Charlemagne demanda quelle somme il voit laissé aux pauvres, on lui répondit, que le legs n'excédoit pas deux livres d'argent. Un jeune abbé etonné du peu de soin que le prélat avoit pris des malheureux, s'écria : *c'est un bien petit viatique pour un si grand voyage.* L'empereur jugea par cette repartie qu'il ne manquoit au jeune homme pour soulager les pauvres que le pouvoir de le faire : il le nomma à l'évêché qui venoit de vaquer, & lui dit : n'oubliez jamais ce que vous venez de dire ; soyez le pere des malheureux, & n'imitez pas celui à qui vous succédez.

M. Letellier, archevêque de Rheims, répondit à un évêque d'Autun qui lui montroit un beau buffet d'argent, en disant que c'étoit pour les pauvres : vous pouviez leur en épargner la façon.

(*b*) Chilperic I disoit souvent nos coffres sont vuides, tandis
qu'ils

qu'ils y rentrent donc, qu'ils retournent au sein de leur

---

que les richesses que nous devrions avoir passent aux évêques : les évêques deviennent des rois ; notre gloire diminue & notre honneur transféré aux évêques s'avilit.

Montesquieu, Liv. XXXI, ch. IX & X.

Lorsque Philippe Auguste demandoit aux ecclésiastiques des subsides pour subvenir aux frais des guerres qu'il eut à soutenir pendant son regne, ils ne manquoient pas de s'en excuser sur leurs privileges, & sur ce qu'il n'étoit pas permis d'employer le bien des pauvres à des usages profanes, ils promettoient d'assister le roi de leurs prieres. Les seigneurs de Couci, de de Rhetel & plusieurs autres, s'étant mis à piller leurs biens, ils recoururent à la protection du roi, qui leur dit, *qu'il étoit peu en état de les aider ; cependant*, ajouta-t-il, *je vous promets de vous assister de ma recommandation auprès de Couci & des autres.* Le pillage continua, les prélats redoublerent leurs plaintes, supplierent le roi d'employer l'autorité des armes contre leurs ennemis. Très-volontiers, leur dit-il, *mais pour en venir là, il faut avoir des troupes, il faut avoir de l'argent.* Le mal pressoit, le clergé entendit ce que cela signifioit, il paya, & les pillages cesserent. Le détour que prit le roi, marque de la foiblesse, dit l'auteur de cette anecdote ; mais dans quel tems s'en servoit-on, ajoute-t-il, dans un tems où les foudres de Rome faisoient trembler les moins timides, & où la doctrine de Grégoire VII mettoit, en un clin-d'œil, toute l'Europe en feu.

Dans ces tems-là, l'excommunication étoit employé à tout. On a vu les chenilles, les mulots . . . . excommuniés par un évêque de Laon. On a encore vu sous François I que l'on donnoit un avocat à ces insectes, & que l'on plaidoit contradictoirement leur cause & celle des fermiers : il existe une sentence de l'official de Troies, du 9 juillet 1516, qui porte, parties ouies, faisant droit sur la requête des habitans de Ville-Noce, admonestons les chenilles de se retirer dans six jours, & à faute de ce faire, les declarons maudites & excommuniées.

L.

diocèſe, de leur églife, & qu'ils ceſſent d'être ingrats
envers leur mere.

Des enfans trouvés.

LE nombre des enfans trouvés eſt immenfe. J'ai
entendu cette année 1783, M. l'évêque de Senez annoncer en chaire qu'il montoit à quatorze mille.

Les célibataires font ceux qui contribuent le plus à
l'exiſtence de ces innocentes victimes, du moins doit-on
le préſumer.

Il eſt vrai qu'il eſt des peres de famille libertins,
honteux, qui violent & les loix de la nature, & les
loix de la fociété, qui traînent de débauche en débauche un cœur uſé, & qui facrifient à l'amour fur des autels prophanés. Je fais aufli qu'il eſt des peres & des
meres qui, par làcheté, par pareffe, plus que par la
contrainte de la mifere, immolent au hazard le fruit
de leur union. C'eſt aux mentors du gouvernement à
éclairer ces fcandales & ces facrileges.

Quoiqu'il en foit les célibataires doivent compte à
l'état du plus grand nombre des enfans trouvés.

Il y a au moins quatre millions de célibataire de l'un
& l'autre fexe en France. Quand l'un portant l'autre,
donneroit par an à l'état 20 fols, cela feroit quatre
millions qui, joints aux fondations, aux charités, feroient

bien ſuffiſans pour le décharger du poids des enfans trouvés.

Ce ſeroit peut-être un bien d'autant plus grand que la population pourroit y gagner, & l'on ſait aſſez que la population eſt la premiere richeſſe des empires (a).

Si l'on m'accuſoit intérieurement de parler ici comme ſi j'étois ſûr de ne pas payer, on auroit tort, & j'avoue que j'acquitterai avec empreſſement une taxe qui me paroît auſſi juſte. D'ailleurs, ce n'eſt pas par cas de conſcience, mais uniquement dans de vraies vues patrioti-ques que je propoſe cette idée.

Des ſpectacles pour les enfans.

On n'a jamais penſé à établir des ſpectacles unique-ment deſtinés aux enfans. On pourroit en établir un, compoſé par des enfans même, où l'on joueroit les fa-bles de la Fontaine, des petits contes naifs, comme ceux de M. Berquin & autres amis précieux de l'enfance : l'on arrangeroit ces fables ou contes pour être mis en action ; rien ne ſeroit plus propre à inſtruire utilement les en-

---

(a) Lycurgue, ce ſage légiſlateur, défendit le célibat ſous peine d'infamie, il y avoit même pour ces cénobites une ſolemnité particuliere à Lacédémone, les femmes les condui-ſans tout nuds aux pieds des autels, leur faiſoient rendre à la nature une eſpece d'amende honorable qu'elles accompagnoient de rigoureuſes corrections.

fans, à leur donner cette éducation douce & fenfible que la plupart des parens ne favent pas donner ; cela vaudroit beaucoup mieux pour eux que nos fpectacles qui forcent les foibles refforts de leur efprit naiffant, que ces tragédies qui les effraient & qui font toujours funeftes à des êtres dont les organes font délicats, ou ces comédies qui ne peuvent qu'infpirer trop tôt un grand mépris pour les hommes, & qui, en voulant réprimer les paffions, le plus fouvent les allument, ou enfin ces pieces obfcenes des Boulevards jouées par de vieux enfans.

On ne manquera pas de dire, avec un fourire cauftique, comment, il faudra donc que les acteurs fe déguifent en animaux ! eh, oui, il s'y déguiferont, & pourquoi ne feroit-ce pas ? On voit bien tous les jours arlequin & d'autres acteurs fe déguifer en bête pour amufer le public. On voit bien dans un certain tems de l'année, des êtres foi-difant raifonnables, fe métamorphofer en quadrupedes, & fous la peau d'un ours ou d'un âne, divertir la multitude.

On dira encore : mais des enfans tant petits qu'ils foient ne pourront jamais prendre la forme de petits oifeaux, de reptiles, d'infectes : par exemple, comment jouer la cigale & la fourmi. Je répondrai que dans ces cas-là, on fe contenteroit de mettre fur le théatre des animaux artificiels, de les faire mouvoir avec des fils de fer, des refforts, & que les acteurs cachés parleroient. On

pourroit ainſi jouer dans une ſoirée pluſieurs fables &
contes, & à la fin donner des danſes où tous les enfans
puſſent tour-à-tour être admis, de ſorte que l'eſprit &
le corps y trouveroient deux exercices utiles & agréables.

Ce ſpectacle ne nuiroit point aux autres. D'ailleurs
on ne le donneroit qu'une ou deux fois la ſemaine ſi l'on
vouloit : enfin la ſalle vacante des variétes amuſantes
ſerviroit très-bien pour ces jeux de l'enfance.

*Invention phyſique pour faire arriver les lettres beau-
coup plus promptement que par la poſte.*

Le moyen que je donne ici eſt fort ſimple à pratiquer & expliquer.

Il faut d'abord que dans les lieux les plus éloignés
où l'on veut communiquer, il y ait réciproquement
un baſſin d'eau aſſez conſidérable, comme par exemple
de Paris à Rouen. Il s'agit enſuite d'établir le long de
la route la plus courte par terre, des canaux de tôle
ou autre matiere aſſez élevés pour que les malfaiteurs
ne puiſſent y atteindre, d'en expoſer l'extrémité ſur
l'eau, de leur faire prendre la direction la plus juſte,
de faire jouer une ou pluſieurs pompes à l'embouchure
& qui conduiſent continuellement l'eau dans ces canaux,
de mettre toutes les lettres & papiers dans une boëte
de fer blanc ou autre métail parfaitement arrondie &
proportionnée au calibre du canal. Il eſt phyſiquement

démontré que l'eau lancée en affez gros volume & fans relâche , pouffera & entrainera rapidement les boëtes jufqu'à leur deftination.

On m'objectera , car on trouve des objections à tout : on m'objectera , dis-je , que cela fera très-coûteux. J'en conviendrai. Mais auffi je dirai que lorfqu'on a propofé la pofte aux lettres, la même raifon exiftoit , que cependant elle n'a pas rebuté , & que fi l'on trouve dans cette invention ci, plus du double de célérité , dût-il en coûter plus cher , elle doit être préférée. Au refte , fi les frais épouvantent, les grands, les princes, le roi peuvent en faire ufage pour de courtes communications, & alors n'y ayant point d'interruption par les récipiens dont on va parler , le fervice feroit continuel & encore plus prompt.

On peut en établir de Paris à Verfailles , & *vice verfa*, au moyen de doubles canaux , de même de Marly à Paris, de Choify , Compiegne , Fontainebleau &c. J'entends dire, mais fi l'on vouloit établir cette machine entre deux villes éloignées l'une de l'autre , comme de Paris à Marfeille , comment pourra-t-on faire recevoir les lettres dans les bureaux de chaque bourg ou ville qui fe trouve fur la route : la réponfe eft facile. Il y aura au-deffous du canal à portée du premier bureau de lettres , un récipient fermé à vis & à la clef. Au milieu s'élevera une mêche de fer dont le fommet fera élargi & préfentera une petite furface ronde & plate comme un écus de trois livres. On pourra encore ajouter à fon extrémité inférieure des clochettes. La boëte par le poids de fa chûte dans ce récipient, fera baiffer la mèche, & avertira ainfi le directeur du bureau auprès de la maifon duquel ce canal paffera. D'ailleurs comme il faura bientôt l'heure & la minute qui feront à-peu-près fixées, fa montre l'avertira prefqu'auffi tôt que la boëte. Il déviffera donc promptement le récipient, retirera fa boëte, & fubftituera fur-le-champ une plaque également à vis & fermée à clef de la forme & du niveau du corps du canal. S'il y avoit deux ou trois boëtes à prendre par extraordinaire, le nombre en feroit marqué fur la premiere. Quelque tems après, & il auroit bientôt la donnée de ce tems, il remettroit le récipient. Le fecond, le troifieme bureau en feroient autant, & ainfi de fuite. Il eft inutile de dire que les infpecteurs des poftes feroient chargés de veiller exactement à l'entretien de ces canaux : enfin je le répéte, fi l'exécution de cette invention paroit trop difpendieufe pour le public. Au moins elle pourra convenir à la cour.

D'un embelliffement utile aux Tuileries & aux Champs-Elifés.

Rien n'eft plus beau, plus noble que le jardin des Tuileries ; grandeur, majefté, régularité, tout s'y trouve.

Cependant un auteur épiftolaire a fait inférer dans le journal de Paris, une lettre par laquelle il perfuade

que l'on peut ajouter à la beauté de cette promenade,
que fi l'on élargiffoit & alignoit le paffage des Feuillans
de deffus la terraffe qui porte leur nom & même de
plufieurs côtés, on découvriroit la fuperbe place Ven-
dôme. Certainement on ne peut qu'applaudir à cette idee
fimple & belle, & dont l'exécution feroit peu difpendieufe : mais depuis ce tems, on ne s'en eft pas occupé,
& cela n'encourage pas à communiquer fes deffeins :
quoiqu'il en foit, voici le mien

Le trajet depuis la grande allée des Tuileries & fes
alentours jufqu'aux Champs - Elifées eft immenfe. En le
parcourant, s'il pleut, vous n'y avez point d'abri ; fi la
terre eft poudreufe, vous êtes aveuglé par la pouffiere ;
s'il fait chaud vous êtes brûlé. Un homme en habit de deuil
qui traverfe cet efpace, arrivé de l'autre côté, paroît l'avoir
quitté & en avoir pris un blanc. Une femme, dont aux
Tuileries on admire la blancheur de la figure, n'offre
plus aux Champs-Elifées qu'un teint bruni par le foleil.
Il eft un moyen fort fimple de bannir de ces promenades charmantes ces petites contrariétés : c'eft d'ajouter
à chacune des aliées, qui font au-deffus de celles col-
latérales de la grande, une allée de tilleuls qui aille fe
rendre dans les premieres allées de droite & de gauche
des Champs - Elifées. Elles pafferoient à travers, deux
petits parterres affez mefquins, puis fur les foffés derriere les renommées équeftres, & fe prolongeroit en formant le croiffant jufqu'aux champs-Elifées. On les bor-

deroit de charmille, & on les entretiendroit baſſe pour ne pas maſquer les colonnades.

Si l'on vouloit encore embellir ce jardin, on en dé‐ truiroit tous les parterres, & on les remplaceroit par de ſimples gazons bordés de grands pots de fleur de terre blanche. Ces tapis de verdure offriroient un coup-d'œil plus riant que tous ces buits, ces deſſins, ces ifs, ces fleurs négligées, & il n'en coûteroit pas davantage pour l'entretien.

Je ne puis parler des Tuileries ſans faire mention de ces courſes, pour ainſi dire, barbareſques, que le pu‐ blic fait ſur la beauté. Un jour je m'y promenois avec une jeune américaine & ſon frere; ſa parure étoit ſans éclat, ſa démarche étoit ſimple, ſon maintien modeſte, mais elle étoit jolie, & elle ne s'en apperçevoit pas. Le pu‐ blic n'en fit pas de même : il s'en apperçut trop & ne tarda pas à lui en donner des preuves. Bientôt nous fûmes inveſtis par un groupe de monde. On nous ſuivit, on ſe précipita ſur nos pas. A l'inſtant j'engageai cette jeune étrangere à quitter la promenade : & me deman‐ dant ce que tout cela ſignifioit, je fus dans la douce obligation de lui dire qu'elle étoit charmante, que c'étoit là ce que cela ſignifioit. J'ajoutai que l'on s'empreſſeroit encore plus de la voir, ſi elle vouloit reſter ; elle connut pour la premiere fois l'empire de ſes charmes, elle s'en voulut d'être belle ; je la conſolai de ſa beauté, & nous partîmes. On nous reconduiſit juſqu'à la porte des Tuileries où nous montâmes en voiture , & peut-être que fi j'en euffe levé les glaces , on les auroit brifées pour fuivre plus long-tems des yeux cette charmante perfonne.

D'autres fois , j'ai vu fuivre des femmes de qualité avec le même acharnement , le même délire ; & en vérité , j'ai trouvé qu'il étoit révoltant de faire de pareilles incurfions fur des perfonnes très-honnétes , & que c'étoit bien cruellement déchirer le voile de la pudeur. Eh , où font donc l'urbanité & la galanterie françoife !

On ne fauroit faire de trop grandes défenfes à ce fujet : on affiche tous les ans aux Tuilleries des ordonnances , portant beaucoup de défenfes ; mais je n'en ai jamais vu de relatives à ce genre d'outrage fait par des hommes à un fexe qui fait leurs délices & leur bonheur.

De la Garre.

ON nomme garre une enceinte immenfe qu'on a hafardé de pratiquer à côté de la Seine près de l'hôpital-général , pour recevoir dans l'hiver les bateaux , & les préferver du choc des glaces. Il fuffit d'en parler pour donner une idée de l'adminiftration de l'hôtel-de-ville de Paris.

La garre depuis quinze à vingt ans qu'elle a été entreprife , n'offre de toutes parts qu'un cahos , des pilotis commencés & abandonnés , des conftructions , des ruines , de l'ordre , du défordre , un goufre d'eau & de dépenfe , un argent & un terrein immenfe de perdus.

La garde qui veille autour de cette défunte garre coûte trois mille livres par an. Les pierres qui font fi bien gardées fe calcinent & déperiffent ; les bois fe pourriffent ; les fers font rongés par la rouille , & il eft de fait que , malgré cette garde , une partie des bois & des fers eft volée.

Si depuis long-tems on eut vendu tous ces matériaux , on auroit retiré du prix de cette vente un intérêt confidérable ; en un mot , fi même aujourd'hui on les vendoit avec l'emplacement , on en tireroit une fomme quelconque , & on auroit un bénéfice où il n'y a que de la perte ; certainement , il n'y a aucun capitalifte qui n'offrit au moins d'en donner 60000 livres comptant , ou d'en conftituer 3000 livres de rente : ainfi où la ville perd annuellement 3000 livres : elle les gagneroit : ce qui feroit pour elle une différence de 6000 livres de rente , & elle dira , qu'elle n'eft pas affez riche ! Elle fera bâtir des petites boutiques fur les Quais qui mafqueront les plus belles vues , au lieu d'y faire faire des trottoirs ; & elle difputera en juftice à un artificier le prix de dix-huit mille livres pour un feu foutenu par une charpente de cent vingt mille livres.

De la garde de Paris.

A Tonckin, à la Corée, à Siam, toute une famille répond de fes membres, & il y a un fyndic dans chaque quartier pour la police, comme à Paris un commiffaire. Il y a des portes dans toutes les rues, & chaque fois qu'il arrive quelque chofe de contraire à l'ordre, on ferme les portes & on arrête plus facilement les coupables. On pourroit à Paris & dans d'autres grandes villes, au lieu de portes, pofter des fentinelles de diftance en diftance, non pas comme le guet qui fe promene négligemment où fes pas le porte, & ne fe trouve prefque jamais à tems où fa préfence eft néceffaire, & qu'on a bien de la peine à trouver quand on en a befoin (a). Ces fentinelles, également par efcoua le, ne

____

(a) Paffant, il y a quelque tems, fur le Port-au-Bled, (il étoit minuit) j'entendis des cris affreux, qui paroiffoient venir de la rue de la Mortellerie; la fentinelle du port les entendit auffi : elle remplit fa faction : elle appella d'un coup de fifflet fes camarades dont le corps-de-garde eft voifin du même port. Je voulus juger par moi-même de la difcipline du guet. J'attendis conftamment plus d'un quart-d'heure, malgré le grand froid qu'il faifoit. La garde vraifemblablement endormie ne fe réveilla pas, ou ne voulut pas fe déranger. Le fifflet de la fentinelle eut beau redoubler fes glapiffemens, je ne vis rien venir : on eut le tems de s'égorger, & je m'en allai bien convaincu, que conter la nuit fur le fecours de la garde de Paris, ou d'un ivrogne, c'étoit à-peu-près la même chofe. J'avoue que

bougeroient pas de leurs places, excepté lorfqu'ils enten-
droient du bruit, du tapage, ou qu'on les appelleroit.

Je ne fais pas pourquoi, on n'exigeroit pas que les
ouvriers de chaque quartier fiſſent tour à-tour la garde
en leur fourniſſant armes & bagages, avec d'autant plus
de raiſon, que c'eſt en général pour les contenir que
la garde eſt établie, & que c'eſt dans cette claſſe que
ſe trouve le plus de mauvais ſujets; chaque eſcouade
de ces patrouilles pourroit être commandée par un ſeul
officier du guet, ou par un ſoldat qui auroit bien ſervi
& qu'on recompenſeroit ainſi. La garde de Paris coûteroit alors beaucoup moins & feroit mieux tenue ; (je
ne parle que de la garde à pied.)

Ce feroit auſſi un plus grand bien que l'on ne penſe,
que les familles répondiſſent ſolidairement de leurs
membres par des peines pécuniaires, lorſqu'ils feroient
juzés coupables : ce feroit le moyen d'entretenir les
bonnes mœurs ſans leſquelles les loix ne peuvent
rien (a), de faire donner une meilleure éducation aux
enfans, & d'aſſurer davantage l'ordre public.

---

fi j'en euſſe été le maître, j'aurois le lendemain fait fouetter
aux quatre coins de Paris tous les ſoldats de ce corps-de-garde,
tant j'étois indigné de leur négligence. On me dira que n'inf-
truifiez-vous leur commandant ! Que fais-je ſi j'aurois été plus
écouté que le ſifflet de la ſentinelle !

(a) *Quid leges ſine moribus, vanæ proficiunt ?*
Hor. Liv. III. Od. 25.

De l'espionnage de Paris.

L'ESPIONNAGE à Paris est très-coûteux. Comme ce sont les apprentifs & les compagnons ouvriers qui le rendent le plus nécessaire, ce qui ne devroit pas être à la charge de l'état ; je pense qu'on pourroit exiger que chaque apprentif des deux sexes rendit un sol par semaine à la police, & chaque compagnon aussi des deux sexes deux sols, ce qui, sans gêner beaucoup ce gens-là, produiroit un capital considérable, & capable de défrayer l'espionnage qui s'exerce pour eux.

Des inspecteurs de police.

LES inspecteurs de police sont actuellement sur le pied militaire, parce qu'on a reconnu l'utilité importante de leur service, & qu'il étoit le même que celui des officiers de maréchaussée : aussi on exige qu'ils aient servi, & ils obtiennent la croix de St. Louis au bout de trente ans. Plusieurs d'entr'eux en sont décorés, & leur supérieur le lieutenant de la police, n'a aucune décoration de ce genre. Il me semble que le chef d'un corps qui a une décoration aussi glorieuse, doit en avoir une au moins aussi distinguée, ou si l'on croit que sa dignité n'a pas besoin de ce lustre, il devroit y avoir à la tête

des infpecteurs pour le cas des cérémonies publiques
& autres, un commandant qui fut décoré, & auquel
on pourroit donner le titre d'infpecteur général de
police.

Des boues & lanternes.

CE font les carroffes qui caufent une grande partie
de boues de Paris: ils devroient donc contribuer au
paiement de l'enlevement de ces boues. Ce font les car-
roffe qui font caufe en grande partie que l'on allume
les réverberes: ils devroient donc auffi contribuer aux
frais de l'illumination. Si tous les propriétaires de carroffes & cabriolets payoient ; comme cela devroit être,
une fomme rélative, Paris feroit encore mieux éclairé & fes
rues plus propres. Il eft inutile de dire que les perfonnages
qui, par état font tenus d'avoir voiture, feroient exempts
de ce paiement.

Des ufurpateurs de titres & de noms.

IL y a tant de faux marquis, comtes, barons, chevaliers & nobles à Paris, même dans toute la France,
qu'on devroit bien faire les recherches les plus féveres
à leur fujet, & faire payer de fortes amendes à ces
fauffaires.

Cette ufurpation eft un très-grand mal politique, elle compromet la dignité des récompenfes royales, d'abord, parce qu'on voit des frippons, des mauvais fujets fe parer de ces faux titres, enfuite parce que ces titres paroiffent trop prodigués. Il feroit auffi à defirer que l'on pût reconnoître à des fignes certains les perfonnes qui en font décorées, par exemple, les écuyers à un écuffon, les chevaliers à une croix, les comtes, marquis, barons, à une couronne brodés fur leurs habits,

Des halles.

Les halles font trop refferrées, trop anguftiées. Dans la halle au cuir, il n'y a plus qu'un dixieme des marchandifes qui foient abritées : les injures du tems abiment le refte ; & cependant les droits fur les cuirs font très-confidérables. La halle aux veaux eft trop étroite : il en faudroit plufieurs, une dans le fauxbourg St. Honoré, une dans le fauxbourg St. Germain, & une dans le fauxbourg St. Antoine.

On a reconnu que l'enceinte de la halle au bled, étoit auffi trop circonfcrite, & l'on vient de l'étendre par une conftruction qui fait honneur tout-à-la-fois & à l'architecte & au zele éclairé du magiftrat qui préfide à la police.

Des

Des boulangers.

Il y a bien des chofes à dire fur le pain : c'eft la bafe de la nourriture de l'homme dans nos pays & en même tems fuivant moi, une des plus fortes caufes de nos maladies & de notre prompte deftruction. Le pain eft froid, fpongieux, ftagnant, lourd, indigefte & les perfonnes qui ont l'habitude d'en manger beaucoup, ont de mauvais eftomacs & font très-fujettes aux maux de dents.

Les médecins affurent que l'indigeftion de pain eft la plus laborieufe, la plus dangereufe de toutes , & qu'elle eft fouvent meurtriere. Je n'irai pas jufqu'à prétendre, comme mon compatriote M. Linguet , que le pain eft un poifon, mais je foutiens que c'eft une nourriture mal-faine qui forme beaucoup de bile dans le corps, qui épaiffit le fang, l'appéfantit, le rend grumuleux, d'un cours difficile & inégal dans les tubes vitaux , & qui par là, gêne dans les jeunes gens fur-tout, le développement de la nature.

Les Anglais ne mangent point de pain ou du moins très-peu : auffi ils fe portent mieux que nous, & vivent plus long-tems. La plupart jouiffent d'une fanté vigoureufe, font gros & grands , ont les traits fortement prononcés, le teint clair , les yeux vifs, l'efprit

M

pénétrant , l'imagination ardente (*a*).

Voyez les gens qui vivent dans nos boucheries, comme leur carnation eſt fraiche ! Quel embonpoint, quelles forces ils ont ! C'eſt parce qu'ils s'alimentent peu de pain , & que comme ils ont la viande en abondance, ils en mangent beaucoup & ſe nourriſſent toujours ainſi des ſucs les plus ſpiritueux qui réparent beaucoup plus dans le corps les déperditions qui s'y font par la tranſpiration que la nutrition fangeuſe & viſqueuſe du pain.

Si le pain eſt une nourriture mal ſaine , combien ne doit-on pas veiller à ce que ceux qui le compoſent ne le rendent encore plus mal ſain , en y ajoutant des parties hétérogenes , ou en employant des bleds avariés, des farines gâtées. Il y a des inſpecteurs du commerce, mais ils ne s'occupent point de cette partie. Ceux des provinces même n'y réſident point : ils y font ſeulement une fois par an une rapide apparition.

(*a*) On conſomme dans une année à Londres 98,244 bœufs & vaches, 711,123 moutons & agneaux, 194,760 veaux, 186,932 cochons, 56,000 cochons de lait, & dans un ſeul jour 17000 oies.

A Paris où la population eſt à-peu-près la même, on conſomme 100,000 bœufs & vaches, 480,000 moutons & agneaux, 30,000 veaux, 140,000 porcs. Ainſi ſans reproche on mange à Londres plus qu'à Paris ; 231,123 moutons & agneaux, 164,760 veaux, 46,932 porcs, & preſque tous les cochons de lait & les oies.

Il feroit intéreffant que ces infpecteurs fuffent à de-meure dans les provinces , & qu'ils fe tranfportaffent fréquemment de ville en ville dans leurs départemens & à des jours indéterminés pour faire la vifite des bleds , farines & pains des boulangers. Qu'ils fuffent autorifés à faifir la denrée de mauvaife nature , qu'ils en ren-diffent compte au commiffaire départi , & que celui-ci prononçât une peine pécuniaire contre les faifis.

Des marchands de vin.

On connoit affez la fripponnerie meurtriere d'une partie des marchands de vin. On fait qu'ils travaillent le vin avec des raifins de Corinthe , du bois de Fre-nambourg , du bois de Campéche , du bois Dinde , des bétes-raves , des carottes , des navets , de l'eau de ri-viere , de l'eau-de-vie , de l'efprit de vin , quelquefois des chats morts & fouvent de la litarge (a). Ce que nous avons dit relativement aux boulangers a auffi fon application ici. Les infpecteurs pourroient faire la même vifite pour l'un & l'autre objet. Il eft à obferver de

______

(a) La falfification des vins fut pour la premiere fois dé-fendue en Allemagne l'an 1475 ; mais on trouve déjà des dé-fenfes fur ce fujet dans les Pays-Bas en 1327 & en 1384.

Il paroît qu'à Rome le marchand de vin étoit auffi coquin qu'il l'eft à Paris , fuivant l'expreffion d'Horace, *perfidus hic caupo*. Sat. 1.

plus, qu'il feroit néceſſaire que ces inſpecteurs ſoient verſés dans la chymie pour pouvoir décompoſer & analyſer les vins ainſi que les farines, & faire un juſte rapport. On pourra en trouver parmi les médecins.

Des marchands roulans.

LES petits marchands qu'on nomme roulans font tort au commerce en colportant par-tout leurs mercantilles qu'ils débitent à force de criaillerie & de ſupercherie. Il eſt vrai qu'ils paient un droit à la police. Par exemple, un marchand de petits pains paie 9 liv. pour les vendre en place de Gréve, ainſi du reſte. Mais quelle minutie !

Il en eſt d'autres qui font à la vérité amovibles, mais ſans privilege de maîtriſe ! De plus, ils cauſent de l'embarras dans certaines rues de Paris par la quantité de leurs petites boutiques, étalages & inventaires errants.

Enfin il en eſt qui font de vrais perturbateurs du repos public. Dans le moment même où j'écris, l'un me déchire les oreilles en m'annonçant d'une voix glapiſſante qu'il porte de l'eau. L'autre m'étourdit avec ſes bas, habits, vieux chapeaux à vendre. Ces derniers paſſent pour être des eſpions de la voirie & de la police : eſpions tant qu'on voudra, mais leurs cris aigus n'ont point de rapport à l'eſpionnage, au contraire, il doit fe faire fans bruit. Le porteur d’eau peut aller chez fes pratiques fans inviter d’une voix bachique à ache-ter de l’eau. Le frippier, peut fans hurler, attendre chez lui qu’on y aille acheter ou vendre. La marchande de bouquets, ne pas fe déranger du marché. La laitiere ap-porter paifiblement fon lait. On n’a pas befoin d’enten-dre publier des cadenats de culotte, des ports, de pin-d’épice, des maquereaux, des huîtres à l’écaille, du fro-mage, du cocot, des gros lots, des pommes, des poires, des choux, des raves, & mille autres chofes. Quand on en a befoin, on fait pour fon argent où les trouver.

D’une machine hydraulique propre pour puifer une une grande quantité d’eau en peu de tems, & très-utile pour les incendies, les jardins, &c.

O N fe donne bien de la peine tous les jours pour puifer de l’eau. On invente des machines, mais qui ne tiennent pas ce qu’elles promettent, qui d’ailleurs font compliquées, coûteufes, & par conféquent au-deffus des facultés des gens du peuple. Celle que je vais faire connoître, réunira le triple avantage d’être facile, très-peu coûteufe à établir, & de fournir promptement beau-coup d’eau.

Vous avez un puits rond ou quarré dans fon fommet. S’il eft rond, vous échancrez les deux récipiens ou pier-

res que vous placez à côté. S'il est quarré, ce qui vaut
encore mieux, vous accolez contre lui une pierre également
quarrée ; ensuite vous assurez des deux côtés su-
perficiels de ce puits, deux planches percées comme
celles où l'on met des bouteilles, & vous les posez de
maniere qu'elles inclinent doucement vers la pierre ;
pratiquez à chaque trou une petite rigolle qui se ter-
mine au bord de la pierre : au-dessus du puits pareillement des deux côtés, établissez un rouleau de bois en
forme de tour ou de tambour avec une manivelle tout-
à-fait semblable à celle des puits de campagne. Vous
y attachez tant de cordes d'esparte que le rouleau peut
en contenir. Vous faites passer ces cordes dans chaque
trou de la planche. Vous attachez à l'extrémité de
chaque corde une grosse éponge, & dessous cet éponge
une pierre ou un morceau de plomb pour donner un
peu de poids & d'attraction aux cordes, afin d'accélérer
leur descente dans le puits. Vous tournez vos manivelles, bientôt l'eau qui découle des cordes tombe dans
les rigolles & delà dans la pierre. Enfin un dernier coup
de main presse l'éponge au-dessous des trous, par conséquent fait jaillir un gros volume d'eau, qui va se
rendre dans le bassin. Une seule personne peut tourner
les deux manivelles à la fois, en les posant dans le
sens favorable, & en ne les éloignant pas trop l'une
de l'autre. Ce méchanisme est si simple & si aisé, que
je crois qu'il n'y a pas besoin d'autre explication pour
le faire concevoir.

Affurance pour les incendies.

IL y a à Londres un bureau d'affurance pour les incendies, à la tête duquel eft une compagnie de capitaliftes. Tous les ans les propriétaires des maifons qui veulent les affurer, s'adreffent à ce bureau. Là, on fait faire l'eftimation de votre maifon, & on vous demande une fomme à raifon de cette eftimation. Si le feu y prend, pourvu qu'il ne foit pas prouvé qu'on l'y ait mis exprès, le bureau la fait réparer quand elle n'eft qu'endommagée, & rebâtir, quand elle eft confumée. Il me femble qu'il fuffit de citer un établiffement auffi avantageux pour le faire adopter par-tout.

Il y a déjà eu à Paris une fociété d'affurance pour les incendies établies en 1740 ; mais elle ne s'eft pas foutenue, parce qu'elle étoit vraifemblablement mal formée, & n'a pu, par conféquent, être utile & fervir d'exemple à celles qui auroient pu s'établir dans les villes de province.

De différentes écoles & d'un cours public pour ceux qui se destinent aux ambassades.

QUOI, citer encore les Anglois ! Quel anglomane, va-t-on dire, qui ne cesse de puiser des principes, des exemples chez une nation rivale !

Ah ! Puissions-nous toujours l'imiter, cette nation, dans sa prudence (*a*), & non dans ses préjugés. Estimons-la, aimons-la, parce qu'elle mérite d'être estimée & aimée, & ne nous embarassons pas de ses anciens ressentimens, de ses vieilles haines ; tandis qu'elle commence à courir après nos futilités, qu'elle copie nos caprices, nos bizarreries, nos modes, qu'elle moissonne les fleurs passageres de notre frivolité, recueillons les fruits mûrs de sa raison, de ses mœurs, de ses profondes réflexions.

Reportons nos regards à Londres, nous y verrons plusieurs écoles où on enseigne gratuitement toutes sortes de métiers, d'arts, de sciences, & entr'autres celle de la navigation.

Qui empêche que nous n'ayons à Paris de semblables établissemens ? C'est à ceux que l'Angleterre, qui n'est composée que de huit millions d'hommes, doit ses richesses, & cette force qui l'a maintenue si long-tems dans l'empire des mers, qui l'a fait depuis peu lutter si honorablement contre quatre puissances, &

____

(*a*) *Nullum numen abest si sit prudentia.* (Juvenal. Sat. 10.)

qui lui attire l'eftime & l'admiration de fes vainqueurs.

Faifons plus encore ; reconnoiffons dans les fuccès d'une guerre orageufe & dans les douceurs d'une heureufe paix, l'importante utilité d'un grand art, d'un art qui a donné à la France un grand homme, un génie tutélaire, un miniftre pacificateur. A ces traits, on fent affez que je veux parler de l'art des négociations , de la fcience diplomatique.

La fcience diplomatique eft beaucoup plus effentielle, & en même tems plus difficile que l'on ne fauroit le penfer. D'un négociateur, dépend le bonheur ou le malheur d'un état. Les fautes de l'autorité dans un royaume peuvent fe réparer , mais celles qui fe commettent hors ce royaume auprès d'un fouverain ou de fes miniftres, font prefque toujours irréparables.

Si un négociateur n'a pas fait une longue & pénible étude de tous fes devoirs , il court fouvent les rifques de s'égarer lui-même , ou d'être entrainé dans l'erreur par fes fubordonnés.

On choifit ordinairement en France les négociateurs parmi les perfonnes qui réuniffent l'éclat de là naiffance à celui de la fortune, parce qu'on eft comme imbu du préjugé que les talens & les vertus font héréditaires , & que les richeffes donnent abfolument du mérite (a).

____

(a)   *Virtus, fama, decus, divina humanaque pulchris*
         Divitiis parent ; quafque conftruxerit ille ,
         Clarus erit, fortis, juftus, fapiens etiam & rex ,
         Et quidquid volet.   (Horat. Sat. 3, liv. II.

Une ambaſſade eſt vacante : auſſi-tôt un jeune homme de qualité va la remplir. Il ne s'étoit jamais attendu à courir cette carriere, il avoit fait ſa cour, parce qu'il faut la faire & ſe montrer pour que l'on penſe à vous. Il étoit à la tête d'un régiment qui étoit très-bien tenu, parce que le major en avoit tout le ſoin. On ſait qu'il a un bel hôtel, beaucoup de chevaux, de chiens, de valets, qu'il eſt ſeigneur de différens comtés, marquiſats, baronies, & a un train conſidérable : enfin on l'a vu, on a parlé pour lui, les graces ont, avec complaiſance prononcé ſon nom ; on a fait valoir ſon mérite auprès du prince qui eſt naturellement confiant & ſouvent obligé de l'être, ſoudain il eſt nommé ambaſſadeur. Ses lettres de créance, ſes pouvoirs ſont expédiés, il part, il eſt parti (a).

Arrivé dans un monde nouveau pour lui, dans un monde dont il n'a étudié ni les mœurs, ni les uſages, ni les coutumes, & qu'il croit toujours devoir être comme celui qu'il quitte. Iſolé dans une cour où tout l'étonne, où il ne trouve plus, comme dans celle d'où il ſort, cette majeſté radieuſe, ce ſuperbe appareil de la grandeur, cette magie impoſante, où il ne voit plus ni les

____

(a) Les François qui aiment beaucoup la raillerie l'exercerent aſſez juſtement un jour ſur le choix de deux ambaſſadeurs. On venoit d'envoyer un évêque en qualité d'ambaſſadeur à Conſtantinople, & un mauvais catholique à Rome, en la même qualité, ce qui fit dire que l'un alloit pour convertir le grand Turc, & l'autre pour être converti par le Pape.

caresses de la flatterie, ni cet air léger, ni ce ton in-
sinuant, ni ces manieres séduisantes, ni cette amitié
feinte, ni ce sourire étudié, ni enfin cet art de dire tant
de choses sans parler. Il veut traiter d'affaires, on l'entend, mais il n'entend pas les autres. Il n'a pas la clef
de leur cœur, la pierre de touche de leur ame. Il ne peut
pas lire sur leur figure, dans leurs yeux, dans leurs
mouvemens, dans leurs geftes. Il ignore le langage des
paffions. Il ne fait pas répandre à propos ce métail
qui fubjugue les efprits, s'empare des cœurs, prend les
places, réduit les villes, détruit les empires, & qui, fem-
blable à la foudre, éclate, frappe, brife, renverfe &
enleve tout (*a*). Il va pour chercher des fecrets, & il
ne trouve que celui de faire une dépenfe ruineufe.

Je fais qu'un ambaffadeur nouveau peut s'inftruire
auprès de fon prédéceffeur, le prier de lui donner fes
notes, fes plans, fa marche, fes connoiffances, fes liai-
fons, fes idées fur le caractere de la nation, fur le céré-
monial, fur l'adminiftration, fur l'efprit, fur la force &
la foibleffe du gouvernement, qu'il eft chargé de fur-
veiller, d'efpionner honorablement. Mais la vanité,
l'amour-propre s'accomodent - ils toujours de ces démarches ?

____

(*a*) Demofthene, par fon éloquence, perfuadoit aux Grecs
tout ce qu'il vouloit. Le fénat & le peuple romain ne pouvoient tenir contre la douceur de la réthorique de Ciceron.
L'argent nous tient lieu aujourd'hui de Ciceron & de Demofthene. (Oxenftirn.)

D'ailleurs ce prédéceſſeur peut avoir été diſgracié ; & alors ce ſeroit rouvrir les bleſſures de ſon cœur & s'expoſer à un refus , ou avoir été enlevé par la mort, & alors on ne pourroit obtenir de ſes manes que quelques écrits , peut-être ſtériles, & qui ne valent jamais ſur ces matieres tout ce qu'on receuille dans l'intimité d'un entretien.

A Dieu ne plaiſe que dans les portraits que je viens d'ébaucher, j'aie entendu répandre des couleurs finiſ- tres ſur l'adminiſtration actuelle de la cour de France. Je reſpecte trop le miniſtre qui tient dans ſes mains la bouſſole des négociations, & en lui rendant cet hommage public de mon reſpect, je ne fais que m'acquitter, comme citoyen , du devoir de la reconnoiſſance.

C'eſt l'art des négociations qui a donné à la France ce luſtre & cette ſupériorité dont elle jouit, qui l'a fait briller parmi toutes les nations comme le lys majeſ- tueux au milieu de toutes les fleurs , qui l'a rendu ſouvent l'arbitre des diſſentions politiques de l'Europe, qui fait que ſon idiôme eſt celui de toutes les cours , qui a cimenté tant d'heureuſes alliances, qui a mêlé le ſang des Céſars à celui des Bourbons, & qui a placé ſur le trône une princeſſe , l'objet de notre admiration & de nos hommages , l'ornement de ſa cour par ſes graces , & le bonheur de ſon peuple par ſes vertus.

Ai-je beſoin de dire maintenant combien il ſeroit de l'utilité générale , & de la dignité de la cour de

France, d'établir un cours public, une chaire de science diplomatique. Toute la jeunesse qui voudra suivre la carriere des ambassades s'y instruira. Les jeunes gens de qualité, ordinairement si désœuvrés, y trouveront une occupation utile. Les parens qui, en général, font perdre un tems infini à leurs enfans, pour entendre une langue qui ne se parle nulle part, je veux dire, la langue latine, abrégeront ce tems pour leur faire apprendre cette science, qui, quand elle ne les conduiroit pas au véritable but, leur seroit toujours très-avantageuse dans le commerce de la société, & pour pouvoir occuper avec distinction différentes places importantes.

Des filles publiques.

Tous les hommes, tous les peuples, tout ce qui respire ressent un mouvement vif, une impulsion tentendre, un secret penchant, un charme délicieux que l'on est convenu de nommer l'amour. L'amour, à ce doux nom, tous les étres s'animent; l'imagination s'enflamme; les esprits s'allument; les cœurs brulent; l'homme si fier de son existence & de sa supériorité sur un sexe aimable, dépose toute sa fierté; l'homme s'abaisse, s'humilie, s'abandonne, cede à l'objet qui attire ses regards, qui le charme, qui le ravit, qui pénetre jusques dans son ame, qui l'agite & l'échauffe, qui le preſſe & l'attendrit, qui l'enchante & le captive : objet charmant que dans un voluptueux délire, il a voulu ſe peindre pour toujours à l'eſprit ſous le nom de la beauté.

Le ſentiment de l'amour, ainſi que tous les autres , n'eſt pas égal dans les hommes : chez les uns , il eſt foible, verſatile & paſſager : chez les autres, il eſt conſtant , inflammable & bouillant : dans d'autres, il eſt froid & réfléchi , & alors il n'eſt qu'une expanſion tranquille du cœur, un beſoin paſſif de l'ame qui porte tous les êtres à s'aimer uniquement pour vivre enſemble dans un commerce réciproque de ſervice, ſe communiquer leurs penſées, leurs affections; beſoin ſentimental, qu'on nomme l'amitié; & tous ceux qui ont parlé & écrit contre l'amour, n'étoient que de faux ſages, ou des êtres rares, privilegiées de la nature, à qui elle avoit donné une complexion morne, un temperament affranchi de fortes paſſions, un aſſentiment calme, la douce & paiſible ſenſation de l'amitié, ou des hommes uſés par le tems & refroidis par les glaces de l'âge.

L'amour eſt un dieu ou un démon , il regne par-tout, il commande à l'univers ſur la nature entiere, il étend ſa puiſſance; à ſa voix, l'oiſeau brûle , ſoupire & vole au plaiſir. Superbe de ſon amoureuſe force , le taureau tout de feu, l'œil étincelant, mugit; d'un pied fougueux fait frémir la terre , s'éleve , tombe , s'éleve & retombe encore. Le vif bélier & la brebis timide ſe roulent en

Jouant fur l'herbe & les fleurs qui fe careffent. L'homme
agité, palpitant d'ardeur va, vient, court, vole,
brave tout, furmonte tout, franchit les efpaces, confie
fa frêle exiftence aux caprices des eaux pour la livrer
enfuite aux caprices de l'amour même. Abailard brûle
pour Héloïfe ; Abailard, arraché à l'amour par la cruauté,
aime & brûle encore (*a*).

Que l'amour étoit intéreffant dans ces premiers tems
d'innocence & de paix où le foufle impur du vice ne
l'avoit pas encore flétri, où les cœurs purs s'uniffoient
purement, où le plaifir d'aimer étoit l'inftinct de la
fimple nature, où les ames fe confondoient enfemble
dans les charmes & les délices de la vertu, où tout le
monde étoit pauvre, & tout le monde étoit riche, où
vivant dans une heureufe ignorance, on ne favoit point
l'art d'aimer, & l'on s'aimoit tendrement, ou enfin on
ne connoiffoit point l'or, & l'on vivoit dans un âge d'or.

Mais depuis que l'on a reffenti le tourment des richeffes, que l'intérêt s'eft emparé des efprits, que l'on
eft convenu d'unir les cœurs avec la fortune, depuis,
fur-tout qu'on a trouvé de nouveaux maux, en décou-
vrant de nouveaux mondes, l'amour, ce fentiment fi

____

(*a*) On connoît ces vers du duc de la Rochefoucault à
madame de Longueville.

Pour mériter fon cœur, pour plaire à fes beaux yeux,
J'ai fait la guerre aux rois, je l'aurois faite aux dieux.

délicat & si pur, n'est plus devenu qu'un vil trafic. De là, ces déreglemens, ces débordemens infames dans les mœurs ; delà, ces dissentions dans les états, ces divisions dans les familles, ces désunions parmi les époux ; delà, ce rafinement de plaisir & de volupté que l'on recherche dans la vie célibataire ; delà, cette multitude de couvens, tombeaux affreux qui dévorent des êtres vivans ; delà, ces sales débauches & cette prostitution mercenaire d'un sexe à qui la nature a tout donné pour plaire, pour être heureux, & pour faire le bonheur de l'autre (*a*).

***

(*a*) Charles duc de Calabre, condamna un gentilhomme à donner cent florins d'or à une fille qui l'accusoit de l'avoir abusé ; il la paya en présence du duc. *Pourfuivez-là & ôtez-lui l'or que vous lui avez donné*, dit le duc : le gentilhomme courut, mais ne put l'attraper. La fille vint se plaindre qu'il avoit couru après elle. Le duc lui dit : si vous aviez défendu votre honneur comme vous défendez votre or, vous feriez encore vierge, n'y retournez plus : il voulut qu'elle rendît les florins.

Le monde est rempli de ces agnès, & combien l'on trouve peu de filles qui ressemble par la vertu, à celle dont on va voir l'aventure.

Amalon, comte de Champagne, fit enlever une jeune personne, noble, belle & charmante ; il entreprit de lui faire violence. Cette fille, voyant que ses larmes étoient inutiles, se saisit de l'épée du comte, & lui en porta un coup mortel. Il appella ses gens, en leur disant : *ne faites point de mal à cette fille courageuse, c'est moi qui ai péché en voulant lui ravir l'honneur ; ce qu'elle a fait, mérite plutôt qu'on lui conserve la vie*

Mais

Mais hélas ! ces mœurs font depuis fi long-tems dépravées qu’on ne peut plus efperer de les épurer. En effet, on voit que depuis long-tems les hommes les ont dégradé par leurs foibleffes. Si l’on ouvre l’hiftoire, on voit que Ptolomée, Pyrrhus, Jules-Céfar, Augufte-Marc-Antoine, Severe-Théodofe ont par-là ternis leurs leurs belles actions.

Les ambaffadeurs de Lydie, entrant un jour à l’improvifte dans l’appartement d’Hercule, trouvent ce héros affis fur les genoux de fa maitreffe, ayant l’une des pantoufles de cette impudique fur la tête. Qu’elle coëffure pour celui dont la devife étoit, *non plus ultra !*

Atalaric, célebre rois des Gots, après avoir conquis la plus grande partie de l’Europe, eft à la fin vaincu par les charmes de Pintia, & il s’abaiffe jufqu’à nettoyer fes fouliers.

Thémiftocle, ce fameux capitaine des Grecs, aimoit fi éperdument une de fes efclaves que, lorfqu’on la faignoit (& la faignée étoit fort commune dans ces tems-là, fur-tout dans la Grece) il fe lavoit le vifage du fang qui couloit de la veine de cette maitreffe.

Le tyran Phalaris étoit fi adonné à la luxure qu’on ne le vit jamais refufer aucune requéte d’une débauchée, ou d’aucune femme de mauvaife vie.

Démofthene, fi terrible aux tyrans, ne put réfifter à l’empire de la beauté, & l’on difoit de lui, *ce qu’il a médité un an, une femme le renverfe en un jour.*

N

Annibal qui avoit été le fléau des Romains, que la victoire avoit fuivi par-tout, ne vit la fin de fes triomphes, que lorfqu'il eut livré fon cœur à une jeune fille de Capoue.

Toute la prudence de David, la fageffe de Salomon, la force de Sanfom, n'ont pu tenir contre ce charme.

Enfin, chaque pays a eu depuis long-tems, & a encore ces Laïs, ces Thaïs, ces Chioné, ces Phriné,(a), ces Quartilla, ces Lesbia, ces Gallia, ces Aholah, ces Aholibah, &c. &c.

Le nombre des filles publiques à Paris furpaffe celui qui pouvoit fe trouver dans la Grece & l'Italie, lors de la plus grande dépravation. Il eft vrai, qu'outre le divorce qui y étoit permis, un maître avoit le droit de faire fervir une efclave à fes plaifirs (b); mais fi nous fommes plus humains, nous fommes peut-être plus vilement débauchés. L'amour chez nous, ou plutôt

---

(a) Phriné fervit de modele à Praxitele, pour fa vénus de de Cnide : & pendant les fêtes de Neptune auprès d'Eleufis, Apelles ayant vu cette même courtifanne fur le rivage de la mer, fans autre voile que fes cheveux épars & flottans, fut tellement ébloui de fa beauté, qu'il en prit l'idée de fa vénus fortant des eaux.

(b) Le droit de culetage, jambage, prélibation, dont jouiffoient encore, il n'y a pas bien long-tems, différens feigneurs, entr'autres les feigneurs Vaudois étoit un refte de cette barbarie. Le terrier de ces nobles, à la feule de leurs droits feigneuriaux, portoit celui de déflorer la mariée le jour de fes noces, & d'avoir la première nuit.

la lubricité eft vagabonde, brutale & fcrapuleufe : ceux qui devroient donner l'exemple font les moins diffi- ciles & les moins fcrupuleux dans le choix de leurs concubines.

Il n'y a à Paris, tant d'hommes tributaires des filles publiques, que parce que la vanité & la coquetterie d'un grand nombre de femmes font portées jufqu'à l'extravagance. Ils calculent, ces époux, qu'il leur en coûtera beaucoup moins, qu'ils ne tromperont pas la nature, qu'ils n'auront pas à craindre de fe donner de la poftérité. Les maris dont les femmes font humoriftes, vaporeufes, grondeufes trouvent fort doux de pou- voir s'en venger dans les bras d'une maitreffe complai- fante qui fe fait une étude de leur plaire, & dont ils fe flattent d'être aimés. Les femmes de leur côté fe corrigent & s'adouciffent en faveur du premier homme qui les intereffe, & fi cet homme n'eft pas marié, en profitant ainfi du trouble d'un ménage, il apprend doublement à préférer fa liberté, au mariage le plus flateur.

Les filles publiques, on ne fauroit trop le répéter pour les jeunes gens, font un fléau : elles perdent tous les hommes de tous les âges, de tous les rangs : elles appauvriffent leur efprit, épuifent leur fortune & leur fanté : elles appauvriffent leur efprit, parce que leurs converfations font frivoles, légeres & vaines : elles épuifent leur fortune, parce qu'elles mettent toujours leurs charmes au plus haut prix ; auſſi l'empereur Adrien , à qui l'on demandoit , pourquoi l'on peint vénus nue , répondit , *quia nudos dimittit* ; leur ſanté , parce que la peine eſt ſouvent cachée ſous les fleurs du plaiſir.

Encore ſi les jeunes gens pouvoient ne voir que de ces filles qu'on nomme demi-caſtors , demi - vertus ; s'ils voyoient des courtiſannes diſtinguées , ils riſqueroient moins pour leur ſanté , & ils acquereroient quelquefois ce maintien aiſé , cet air engageant , ce ton aimable , ces geſtes naturels , cet eſprit liant , ce caractere complaiſant , ces propos obligeans , ces manieres douces & gracieuſes qu'exige la ſociété. Un jeune homme , ſortant des mains des Délormes & des Ninons-Lenclos , ſembloit ſortir de la main des graces.

Mais ſouvent ces jeunes gens ne ſont pas aſſez bien traités de la fortune ou de la nature. Ils ne ſont pas au fait des intrigues galantes ; ils ignorent l'art de s'inſinuer adroitement dans l'eſprit d'une belle , ne ſavent pas interpréter les yeux , ces oracles des cœurs ; ils négligeront un inſtant favorable pour plaire. Ils manqueront à ſatisfaire un doux caprice , un petit mouvement de curioſité , un léger deſir , leur eſprit , eſt trop timide , leur ame trop neuve , cependant leurs paſſions fermentent. Ils faut des plaiſirs vifs , & ils finiſſent par ſe plonger dans cette claſſe de filles , eſpece d'automates dont l'intérêt fait mouvoir les reſſorts qui compoſent à vil prix de leurs charmes, qui n'ont qu'un feul tarif pour mettre les paſſions à contribution, & pour leſquelles toute heure eſt celle du berger.

Là, la fleur de leur jeuneſſe ſe flétrit, leur ſang efferveſcent ſe corrompt. Là, la nature les précipite & les abandonne. Là, enfin, ils trouvent la douleur dans les ſources de la volupté.

Un tendre pere, une mere vigilante ont élevé, con-ſervé avec le plus grand ſoin le fruit de leurs amours. Ils ont fait les vœux les plus purs pour ſon bonheur. Ils ont prié, conjuré le ciel de le protéger. Hélas ! leur tendreſſe va être allarmée. Ils vont trembler pour les jours de celui à qui ils ont donné la vie, qui devoit alléguer le fardeau de leurs vieux ans, dont la main devoit fermer leurs paupieres, dont le ſein devoit re-cevoir leur dernier ſoupir, & dans lequel, en mourant, ils eſpéroient ne pas ceſſer de vivre. Un poiſon brûlant coule dans ſes veines, les cris de ſa douleur vont retentir juſques dans leur cœur. L'art promet d'appaiſer le mal qui le dévore, & ne fait que l'irriter. Le chagrin, les regrets aiguiſent ſes ſouffrances ; les inquiétudes, la peine qu'il cauſe aux auteurs de ſes jours, augmentent le danger où il eſt : ah ! leurs ſoins ſont inutiles, leurs vœux ſont ſu-perflus : c'en eſt fait, l'heure eſt arrivée : le coup eſt porté : la mort a frappé. O déſeſpoir ! Ils n'ont plus de fils.....

Malheureux Colomb, qu'as-tu fait ! Que ta curiosité & ton avarice coûtent cher à tes semblables ! Le funeste exemple du premier homme ne te suffisoit-il pas ? Plus insensé que lui , falloit-il que tu allas au - delà des mers , chercher un nouvel arbre fatal , cueillir & en goûter le fruit mêlé de douceur & d'amertume , & que tu nous en rapportas le poison contagieux.

Et toi qui as enseveli dans tes abimes tant d'innocentes victimes. Océan , pourquoi n'as-tu pas englouti le vaisseau qui portoit ce mortel audacieux !

Mais , ne nous épuisons pas en vaines plaintes. Le mal existe. Une maladie cruelle énerve la jeunesse , attaque les principes de l'existence , affoiblit la constitution , les organes humaines , & portent par-tout la mort. Tandis que l'art s'empresse de calmer cette maladie ; cherchons dans l'ordre politique les moyens d'en arrêter les progrès.

Il y a trente mille filles publiques à Paris. Je les distribue dans toutes les rues autant qu'il s'y trouvera de logemens , & que les propriétaires voudront bien leur en louer , autrement , elles seront en plus grand nombre dans une même rue. Elles seront logées toutes dans des appartemens sur la rue , & autant qu'il sera possible à une assez grande distance les unes des autres. Chaque fille aura en tout tems un falot numeroté sur sa fenêtre , lequel sera & restera allumé aussi-tôt & aussi long-tems que les réverberes. Les jours où les réverberes ne seront point allumés à cause du clair de lune , elles allumeront leur falot à l'heure ou les réverberes auront été allumés la derniere fois. Chacune d'elle aura son numéro écrit en gros caractere, appliqué à portée de la vue fur fa cheminée ou fur fa croifée. Tous les particuliers, à qui une fille aura communiqué du mal, feront autorifés à écrire fur une carte feulement, le numéro de cette fille, & à jetter cette carte dans une des boëtes de la grande pofte. Le triage de ces cartes fe fera à la grande pofte qui les fera parvenir à la police le plus promptement poffible. La police enverra auffi-tôt un chirurgien gagé par elle pour vifiter & conftater le mal. Sur fon rapport confirmatif, chaque fille malade aura ordre de ne pas allumer de falot, qu'elle n'aie du même chirurgien un certificat de guérifon. Au furplus, elle fe fera guéri à la falpétriere, ou à fes dépens, par qui elle jugera à propos.

Il eft certain qu'alors, malgré toutes les agaçeries & l'exagération de fes charmes qu'une fille pourroit faire aux paffans, s'ils ne voient pas le falot, ils ne fe laifferont pas prendre ; autrement, ils n'auront pas à fe plaindre.

Sans me prévaloir de mes idées, je crois pouvoir dire qu'il n'y a pas de moyen plus fimple & plus praticable pour préferver le public d'un éceuil fi dangereux.

On en retireroit un double avantage, puifque tous ces falots allumés, donneroient un fupplément de clarté & de fécurité.

Je fais qu'il feroit à propos que la police fe chargeât de la guérifon des filles, mais il y a apparence que fes finances ne le permettent pas, puifqu'elle n'a pas laiffé fubfifter un établiffement qui, il y a quelques années, avoit été fait à ce fujet.

Il y auroit un moyen de fe procurer à peu près ces finances : ce feroit d'affranchir les filles de Saint-Martin & de l'Hôpital, en payant à la police une fomme proportionnée au tems qu'elles devroient y paffer, ce qui feroit d'autant mieux qu'elles en fortent plus mauvais fujets qu'elles n'y font entrées.

Des banqueroutes.

UN cruel fléau frappe de tous côtés, accable des familles, défole des villes, des provinces, entaffe ruines fur ruines, ébranle même la bafe de l'état ; il eft tems d'ofer efpérer d'en voir la vengeance & la fin. Au milieu de ce déluge de maux, une colombe a été à la découverte : cette colombe eft la vérité (*a*), elle va parler : je ferai fon interprête.

Quel eft ce fléau, quels font ces malheurs qui accablent à la fois le peuple & l'état ? Ce font les vols qui font défignés fous le nom de banqueroutes, à peu près

______

(*a*) *Patet omnibus veritas, nondum eft occupata multum ex illâ etiam futuris reliĉtum eft.* Seneq.

comme l'art de voler avec adreſſe dans les poches, eſt diſtingué par le terme de filouterie.

Tout le monde ſait ce que c'eſt que la banqueroute, (*a*) & une funeſte expérience ne l'a que trop appris à bien des gens. On en connoît de deux ſortes, l'une forcée, que l'on appelle plus proprement *faillites*, eſt celle que fait néceſſairement un marchand qui ſe trouve réduit dans l'impoſſibilité de ſatisfaire à ſes engagemens, parce qu'il a eſſuyé des pertes inſurmontables, comme celles cauſées par une incendie, par le naufrage d'un vaiſſeau, par l'inſolvabilité, ou la mauvaiſe foi d'un débiteur ; enfin pour me ſervir de l'expreſſion de l'orateur Romain, *qui fortunæ vitio, vel ſuo, vel partim ſuo vitio non ſolvendo factus foro ceſſit.* L'autre eſt volontaire ou frauduleuſe, & c'eſt celle qui ſe fait de deſſein prémédité, avec fraude & malice, le débiteur feignant d'être inſolvable & dérobant à ſes créanciers une partie ou la totalité de ſes biens.

Comme c'eſt ordinairement dans le ſein des finances & du commerce que les banqueroutes prennent naiſſance, nous croyons qu'il eſt néceſſaire d'en donner quelques idées rapides. Nous examinerons enſuite l'origine, les cauſes, les progrès, les ſuites funeſtes des

---

(*a*) Ce mot vient de l'ancien uſage d'Italie, les banquiers ou négocians, ou négociateurs italiens, avoient un banc en un lieu public, & lorſqu'ils faiſoient banqueroute, & qu'ils quittoient ce banc, on diſoit qu'il étoit rompu. *Banca rotta.*

banqueroutes, nous ferons connoître les loix qui y ont rapport & nous tâcherons d'indiquer les moyens d'arrêter un genre de crime auſſi contagieux.

Idées ſommaires ſur le commerce & les finances.

Qu'est-ce que le commerce ? C'eſt l'art de ſe procurer tous les beſoins de la vie par les échanges.

Celui qui, le premier cultiva la terre, & la força à lui donner les alimens qu'il deſiroit, fut le fondateur du commerce : car il s'acquit par-là un droit de propriété, & pouvant diſpoſer à ſon gré de cette propriété, il en échangea le ſuperflu.

Dans les premiers tems, les échanges ſe firent en nature ; c'eſt-à-dire, que telle quantité d'une denrée équivaloit à telle autre denrée ; car alors le commerce conſiſtoit plus dans la communication réciproque des terres & des rivieres, que dans celle de l'induſtrie.

Dans ces heureux tems, on penſoit bien moins à évaluer la matiere des échanges, qu'à s'en aider réciproquement, ce n'étoit par-tout qu'un commerce mutuel de ſervices & de bienfaits (*a*). L'amitié, ce délicieux ſen-

---

(*a*) Ces échanges ſe font encore ainſi chez les nations du Chyli, le long de la mer du Sud ; chez les peuples de Jeſſo, dans les grandes Indes, & dans pluſieurs régions de l'Afrique.

Chez eux tout eſt commun, chez eux tout eſt égal,
Comme ils ſont ſans palais, ils ſont ſans hôpital.

tlment qui n'eſt connu que des ames pures, l'amitié étoit le garant de toutes les conventions.

Juſques-là les hommes avoient pour ainſi dire, ſommeillés dans le ſein de l'innocence, alors ils s'éveillent à la voix de l'intérêt, ils s'animent, ils s'agitent; & tout hors d'eux-mêmes ils courent çà & là. La terre n'a plus aſſez d'étendue pour eux. L'élément terrible des eaux n'a rien qui les effraie. Leur ame s'enivre de la fumée des richeſſes. Leur eſprit gémit ſous les efforts pénibles de l'imagination. L'induſtrie déploie toutes ſes reſſources ; les fabriques, les manufactures, les arts naiſſent ; la terre eſt forcée de produire ; des vaiſſeaux ſont lancés ſur les mers ; la balance, les poids & les meſures ſont établis (a) ; l'or & l'argent deviennent les ſignes des marchandiſes ; ils deviennent eux-mêmes marchandiſes (b) : & les papiers ſont repréſentatifs de ces mé-

____

(a) Chaque pays a ſes poids & ſes meſures. En Europe on connoît en poids le quintal, la livre, le marc, l'once, le gros, le denier, le ſterling, les mailles, le felin & le grain; pour l'argent, le denier & le grain : pour la médecine, l'once, la dragme, le ſcrupule, l'obole & le grain. On connoît des meſures de longueur par lignes, pouces, pas, pieds géométriques & communs, par verges ; raz, toiſes, aulnes, cannes, braſſes, perches, arpens, lieues & mille ; les meſures des liquides par le bâton de jauge, & les meſures rondes pour les grains & les fruits.

Quand n'aurons-nous qu'un poids, une meſure & qu'une coutume ?

(b) Le commerce qui s'en fait eſt, appellé commerce d'argent ou du change.

taux (*a*). Le crédit prend une exiftence fous différentes formes. L'art de la navigarion eft perfectionné. La bouffole eft inventée : on pénétre dans les pays les plus éloignés ; enfin des guerres s'allument & ne s'éteignent que dans des fleuves de fang.

Jettons un coup-d'œil auffi rapide fur les finances.

Lorfque des fociétés fe furent choifies un fouverain, il fallut lui conférer une autorité, il fallut faire réfider en lui, la force qui, feule, fait l'autorité. Enfin, il fallut que celui qui fe chargeoit de défendre les biens, la liberté & la vie d'une affociation d'hommes, eut des titres, des droits, des richeffes, en un mot, tout ce qui peut conftituer la force.

Les loix étant la bafe de toutes les parties de la fouveraineté, on lui donna d'abord le pouvoir législatif. Le maintien de la religion ayant la plus grande influence fur le bien des états (*b*), on remit ce dépôt facré entre fes

---

(*a*) Ce furent les Juifs qui inventerent les lettres de change. Chaffés de France fous le regne de Philippe-le-Long, ils avoient laiffé, en fortant du royaume, à quelques perfonnes de confiance, tout ce qu'ils n'avoient pu emporter. Retirés eu Lombardie, ils donnerent des lettres fecretes à des amis qui étoient chargés de retirer leurs effets, & ces lettres furent les premieres lettres de change.

(*b*) La religion & les loix étant les plus fermes appuis des trónes, on contient facilement dans l'obéiffance due aux rois, les peuples qui leur font foumis : & ces peuples font bien plus redevables de leur confervation & de leur fûreté, à l'exercice du vrai culte, à la ftabitilité de la doctrine révélée, & à la

mains. Après avoir ainfi afluré le repos & la tranquillité
publique au-dedans, on dut s'occuper de la fûreté à l'é-
gard du dehors. Par conféquent on lui attribua le pouvoir de lever des armées ; de faire la guerre & la paix ;
de faire des traités & des alliances avec des états
étrangers. Comme il étoit impoffible qu'un feul homme
embraffa à la fois tous les objets de l'adminiftration ; il
eut le droit de nommer des miniftres qui l'aidaffent
dans le grand ouvrage du bien public, & de choifir
des magiftrats qui tinffent la balance entre lui & fes
fujets (*a*). Enfin la majefté du trône, l'éclat d'une cour,
le gouvernement d'un empire exigeant de grandes dépenfes, on accorda au fouverain le droit d'obliger les
citoyens à contribuer à ces dépenfes de leur fortune
ou de leur travail ; c'eft-ce que l'on appelle le droit des
fubfides ou des impôts. Telles furent les conftitutions
de la France.

Ces conftitutions fagement combinées procurerent
fans doute un grand bonheur à la nation françoife,

---

fageffe des loix, qu'à la force des armes ou à l'abondance des
richeffes. (Lettre de Ganganelli à Louis XV, datée de Rome
le 21 mars 1770.)

(*a*) Les magiftrats font perfonnes mixtes & mitoyennes
entre le fouverain & les particuliers, dont il faut qu'ils fachent commander & obéir, qu'ils fachent obéir au fouverain,
ployer fous la puiffance des magiftrats fupérieurs à foi, honorer leurs égaux, commander aux fujets, défendre les petits,
faire tête aux grands, & juftice à tous. (Charron.)

mais il n'eut que la durée de l'éclair. Des révolutions, des guerres, des défaftres en interrompirent bientôt le cours. Dans ces tems de crife, les princes pour fauver l'état, furent obligés de vendre à quelques hommes les reffources & l'induftrie de leurs concitoyens .L'épuife-ment des finances ne leur permettoit pas de voir com-bien il étoit dangereux de furcharger d'impôts leurs fujets; les maux étoient preffans, il falloit de prompts remedes. Des compagnies de traitans fe préfenterent pour acheter le privilege exclufif d'envahir les richeffes de l'état, de manier les deniers du fifc, de percevoir les impôts. Ils enrichirent par-là l'état pour un inftant; mais à force d'extentions, ils l'appauvrirent pour une longue fuite d'années.

Je dis, qu'ils apprauvrirent l'état, parce que le but d'une bonne adminiftration devant être de conferver les fources des finances, de les rendre plus abondantes & d'y puifer fans les tarir, en les confiant à ces hommes avides, loin qu'elles aient été confervés, augmentées, elles ont été au contraire diffipées, épuifées : & le moyen qu'elles ne le fuffent pas ! on en confia le maniement à des milliers d'hommes dontla nomenclature eft effrayante.

Il eft aifé de juger de ce que peut faire une multi-tude qui tient les richeffes d'un état : auffi ne démenti-t-elle pas l'opinion que les obfervateurs éclairés pou-voient en avoir. L'agiotage , le change, les viremens de papier prirent une vigueur extrême ; & , comme ces eaux que l'art conduit lentement & par gradation dans le baſſin qui les attends , les deniers publics circulerent péniblement à travers toutes les mains qui devoient ſe les paſſer tour-à-tour, juſqu'à ce qu'ils arrivaſſent à la caiſſe royale.

Et qui pouvoit ralentir cette circulation ! C'étoit la confuſion qui régnoit dans l'adminiſtration financiere. C'étoit ſur-tout la voracité de ces hommes de proie qui vouloient s'égorger du plus pur ſang du peuple.)

Un miniſtere ſage & éclairé a déja porté la lumiere dans ces repaires ténébreux où l'humanité étoit injuſtement & ſourdement dépouillée. Il a commencé à détruire des déſordres , des abus qui fourmilloient dans la perception des tributs : encore quelques tems, & il achevera de convaincre la nation, qu'il s'occupe de ſes véritables intérêts.

Cauſe des banqueroutes frauduleuſes dans le commerce.

Un jeune homme a reçu de la nature un goût décidé pour le commerce. Il veut s'établir à Paris , entrer dans les ſix corps, enfin être marchand mercier. Vingt-mille livres forment tout ſon patrimoine. Sur cette ſomme il eſt obligé de prélever quinze - cent livres pour ſon admiſſion , *ſa bien venue, &c.* Il faut enſuite qu'il loue

une maifon affez vafte pour le loger , lui , fes commis
& fes domeftiques, & où il puiffe avoir plufieurs en-
trepôts pour fes marchandifes. Il porte fes vues très-loin.
Il veut faire une grande fortune : tout ou rien , eft fa
devife. D'après cela , on penfe bien qu'il n'ira pas s'é-
tablir ailleurs que dans cette rue fi fréquentée, & dans
laquelle on ne peut faire un pas fans fe fentir pour ainfi
dire une démangeaifon d'acheter.

Il eft aifé de croire , que le loyer d'une maifon dans
la rue Saint-Honoré lui coûtera un millier d'écus. Ce
n'eft pas tout : il fauc meubler cette maifon. Il faut
décorer l'extérieur dans la boutique , de maniere qu'elle
puiffe frapper les regards des paffans , & leur infpirer
l'envie d'y entrer

Cette dépenfe peut - être mife en ligne de compte
pour 2000 livres.

De plus , des marchandifes en grand nombre doivent
garnir fes magafins , il achete un fonds de boutique.
Ce fonds lui eft vendu 30000 liv. , il donne fur cette
fomme un à compte de 10000 liv. & prend des termes
pour le refte.

Nous avons vu une dépenfe de 1500 liv. , en fecond
lieu , une de 3000 liv. , troifiemement , une de 2000 liv.
enfin , une de 10000 liv. ; il ne refte donc plus à notre
nouveau marchand que 3500 liv. ; fuivons-le dans toute
fa marche , nous le verrons voyageant dans différens
pays du royaume , même chez des nations étrangeres ,

pour

pour cultiver l'utile connoiſſance des correſpondans de ſon prédéceſſeur, & en dérober quelques-uns aux marchands chez leſquels il a fait ſes premiers eſſais.

De retour à Paris, il compte ce que ſon voyage lui a coûté, & il voit avec douleur que les frais montent à 2400 livres.

Le voilà donc preſque ſans reſſource, car pendant ſon abſence, la conſommation de ſon ménage, a abſorbé l'argent qui pourroit lui reſter, & ſa maiſon n'a pas proſpéré. Les haſards du commerce ne lui ont pas été favorables ; les acheteurs ne ſont pas venus. Un deuil public a reſſerré les bourſes.

Un des termes qu'il a pris pour le paiement de vingt-mille liv. qu'il doit, eſt prêt à échoir. Lecteur, peignez-vous ſon embarras. Que va-t-il devenir ? Que va-t-il faire ? Faire banqueroute ? Non : il va faire le malheur d'une femme. Il épouſe quarante mille livres, & en cela, d'après les ſinguliers mariages qui ſe font tous les jours à Paris, il n'y a rien d'étonnant.

Voilà donc notre marchand qui a de plus chez lui une femme & quarante mille livres ſur leſquelles il faut, & à grand regret, en prélever dix mille pour l'ornement, la parure & les fantaiſies de madame. Car un marchand mercier, & de la rue Saint - Honoré, ne peut pas à moins, faire les choſes honnétement. Il eſt donc réduit à trente-mille livres, je ne dirai pas qu'il eſt obligé d'augmenter ſon domeſtique, ſon ménage

& fes ameublemens. Je laiſſe à juger de ces ſortes de dépenſe.

Mais on ſe rappelle le terme qui étoit prêt d'échoir avant le mariage. Ce terme eſt malheureuſement échu. C'eſt cinq mille liv. qu'il faut prendre encore ſur la dot , reſte vingt-cinq mille livres . Aux yeux d'un homme cenſé, cette ſomme paroîtra ſuffiſante pour ſoutenir & alimenter un commerce naiſſant. Mais ſi l'on ſe repréſente une jeune emme qui s'abandonne à l'efferveſcence de ſes paſſions , qui ſe livre à tous les maneges de la coquetterie , & qui pourſuit tous les plaiſirs bruyans de la capitale. Si l'on ſe peint un mari dont la trempe de l'ame trop molle , & trop facile , ſe prend trop facilement, qui ſuit l'impulſion ſoudaine que ſon épouſe lui donne , qui eſt enthouſiaſmé de ſe voir jouer avec elle un petit rôle dans un petit coin du théâtre du monde , & qui 'étourdit ainſi ſur le ſoin de ſes affaires, on ne ſera pas étonné que ces vingt-cinq mille livres qui font toute ſa reſſource , ſe réduiſent à rien.

Le tems ſe traîne pour un créancier, & vole pour un débiteur. C'eſt ce que celui-ci éprouve. Un nouveau terme va encore échoir , il faut encore payer cinq mille livres. Cependant ſon commerce n'a pas été avantageux, il n'a pas trouvé le débit des marchandiſes de ſon fonds. Une nouvelle mode en a été la cauſe. Il n'a que des draps tout uni, le bon ton veut qu'on n'en porte que de mouchetés, ou bigarrés , ou cailloutés. Il à des étoffes de toutes les couleurs ; le dernier goût s'eſt fixé ſur un ſeule : nouvel embarras. Néanmoins la dépenſe de la maiſon eſt toujours la même, on ne retranche rien des plaiſirs. Que faire ? il n'eſt pas poſſible de vendre les anciens aſſortimens ſans perdre beaucoup. Enfin il attend encore, puis ſe détermine à en acheter de nouveaux. Il prend à crédit dans différentes fabriques pour des ſommes conſidérables, eſpérant gagner au moins un tiers ſur ces ſommes. Son commerce ainſi aſſorti, il met tout en œuvre pour vendre ; des adreſſes ſont imprimées & diſtribuées avec profuſion ; les plus beaux échantillons ſont expoſés devant la boutique, une ſirene eſt placée dans le comptoir ; enfin des commis ſont rangés ſur le ſeuil de la porte, à peu près comme des pêcheurs ſur le bord d'une riviere. Quelques paſſans ſe laiſſent prendre, achetent & paient ; mais bien des gens achetent & ne paient pas. Des comtes de la veille, des marquis du jour, & des barons du moment enlevent beaucoup de marchandiſes, & ne reparoiſſent plus que quelquefois entre les mains de la juſtice.

Il ſe plaint, ſe déſeſpere, & jure, mais trop tard, qu'il n'y ſera plus pris (a).

(a) Il n'y a pas de pays où les marchands ſoient plus trompeurs & plus trompés qu'à Paris : ils ont toujours la conſcience à la bouche, & rarement dans le cœur.

Nous avons vu la femme facrifier tout à fes plaifirs. Aujourd'hui elle eft attaquée d'une maladie dangereufe. Rien n'eft épargné pour fa guérifon ; mais quelle dépenfe n'occafionne pas cette maladie !

On doit bien penfer qu'après tant de pertes, de défordres & de défaftres, le commerce de cette maifon ne peut guere fe foutenir. Hélas ! voici le moment le plus terrible pour ces deux êtres infortunés, ils vont être enfevelis fous les ruines de leur fortune. Les époques prifes pour le rembourfement du fond de boutique, & pour le paiement des fabriques & des loyer, expirent tous à la fois, & l'argent manque.

Il ne leur refte plus de reffources que dans la pitié de leurs créanciers en leur abandonnant le peu qui leur refte, mais non, ils ont recours à ces gens que l'on nomme faifeurs d'affaires, tels que les courtiers, courtieres, revendeufes à la toilette & autres de cette efpece. Ils leur confient des marchandifes, pour en avoir de l'argent à tel prix que ce foit. Ils empruntent le plus qu'il leur eft poffible, & combien n'emploient-ils pas de fourberies, de menfonges, & de ftratagêmes pour y parvenir. On croira peut-être que cet argent va fervir à acquitter leurs dettes : non. Envain l'honneur cherche à fe faire entendre par eux ; envain la vertu leur parle. L'intérêt les rends fourds ; les promeffes du crime les aveuglent, & le mauvais exemple les entraînent. Enfin, ils s'évadent clandeftinement, em portent tout ce qu'ils peuvent dérober à leurs créanciers, & vont chercher dans les pays étrangers, l'impunité de leur crime.

Concluons que fi ce marchand qui avoit vingt mille
livres pour commencer fon commerce; au lieu d'acheter un fonds de boutique de trente mille livres, n'en
eut acheté un que de dix ; fi au lieu de louer dans la
rue Saint-Honoré une boutique de trois mille livres ;
il n'en eut loué une que de mille dans une autre rue ;
fi au lieu de dépenfer dix mille livres en frivolités,
il n'en eut dépenfé que cinq au plus ; fi au lieu d'approuver & même de favorifer les extravagances & dépenfes de fa femme & fon goût défordonné pour les
plaifirs, il l'en eut détournée; s'il n'eut pas affiché le
fafte, le luxe, l'oftentation & l'impureté des mœurs :
il vivroit encore parmi nous avec moins d'éclat peut-
être, mais avec plus d'honneur : il n'auroit pas violé
les loix de fa patrie : il ne fe feroit pas écarté des
devoirs facrés de citoyen ; enfin, il n'auroit pas manqué à la fociété entiere.

Tel eft le caractere des banqueroutes frauduleufes
dans le commerce : en un mot, on peut juger à peu
près de tous les commerçans banqueroutiers frauduleux dans tous les pays, par le portrait de celui-ci.

Cause des banqueroutes dans la finance.

TOUTES les banqueroutes dans ce que l'on appelle la haute finance, font frauduleufes, excepté celles de quelques banquiers, parce qu'ils font néceffairement expofés à en effuyer plufieurs à la fois, & fe trouvent par là dans une impoffibilité abfolue de remplir leurs engagemens : encore en eft-il peu parmi ceux qui jouiffent d'un nom recommandable , qui ne foient dans le cas de parer de tels événemens , foit en empruntant, foit en obtenant des égards , des ménagemens de leurs créanciers.

Il en eft d'autres qui , après peu d'années d'établiffement, font entiérement ruinés , & entraînent une foule de victimes dans leur ruine. Pour ceux-là, ce font des intrigans hardis qui , n'ayant rien à perdre, cherchent à gagner aux dépens de toutes les dupes qui veulent bien leur abandonner le foin de leurs intérêts ; mais ce fameux adage qui veut que la fortune aide les audacieux , & qu'ils ont pris pour devife, fe dément bientôt pour eux. Ils ont embraffé cet état important, cet état fi honorable & fi noble, puifqu'il rend un citoyen utile, non-feulement à fa patrie , mais même aux pays étrangers ; puifqu'on y gagne la confiance , & de fes concitoyens & des habitans du monde entier ; puifqu'enfin il a donné depuis peu à la France un directeur général de fes finances ; ils ont, dis-je, embraffé cet état fans aucunes reffources ; ils n'ont eu, pour tout appui, qu'une foible efpérance ; pour toute recommandation, que la hardieffe ; auffi n'eft-il pas étonnant qu'après avoir ouvert au public une caiffe vuide, ils la lui laiffent telle.

Mais ce qui doit étonner, c'eft que des potentats de la finance, après avoir ébloui tout un peuple par l'éclat de leurs richeffes, s'expofent au mépris, à l'indignation, à l'exécration de ce même peuple. Ce qui doit étonner, c'eft que des hommes favorifés de la fortune, & choifis par le prince pour être les dépofitaires des deniers de l'état, en deviennent les fpoliateurs ; je ne les nommerai pas, leurs noms font trop préfens à l'efprit de bien des gens. Je parlerai feulement d'eux en général, parce qu'ils fe reffemblent tous dans leurs actions, & que le même penchant les porte tous à commettre les mêmes délits ; je dis délits, parce que l'on ne doutera certainement pas que la banqueroute n'en foit un. Pour moi, je ne fais prefque aucune diftinction entre cette maniere de voler, & celle de détrouffer les voyageurs fur un grand chemin.

En effet, un homme eft accablé fous le poids de la mifere ; les flammes ont confumé une partie de fa chaumiere ; une maladie contagieufe a fait périr fes beftiaux ; ·la grêle a ravagé les champs qu'il efpéroit moiffonner ; les impôts lui ont tout enlevé ; fes enfans font fans pain ; lui-même en manque, & fa femme enceinte eft prête à expirer dans les tourmens de la faim ; il fait que la pitié n'eft pas toujours bienfaifante ; que la mendicité eft punie, & que la barriere de ces lieux deftinés à être l'afile de l'indigence, ne s'ouvre que très-lentement : cependant il entend la voix mourante des infortunées victimes de fon union ; il voit leurs yeux noyés de pleurs, leurs bras palpitans, tantôt s'élevant vers le ciel, tantôt fe tournant vers lui ; il les voit ces tendres enfans l'un après l'autre fe jeter à fes pieds ; puis tous enfemble fe précipiter dans fon fein comme pour y rendre les derniers foupirs : il voit fa malheureufe compagne étendue, immobile fur un lit trempé de larmes : elle veut lui parler, mais la parole expire fur fes levres : elle veut laiffer tomber fes regards fur lui ; mais fes yeux femblent fe fermer pour toujours. A ce fpectacle affreux fon cœur fe déchire ; le feux du défefpoir s'allume dans fes veines : il accable d'imprécations le fort qui a uni la vie d'une femme à la fienne : il maudit le jour qu'il a reçu, & le jour plus malheureux encore qu'il a donné à fes enfans : il implore envain le fecours du ciel ; enfin il oublie la nature qui l'abandonne : il fort, il court & s'élance avec la fureur d'un lion vers le premier homme qui fe trouve fur fon paffage & arrache de lui, à force de menaces, ce qu'il ne peut en obtenir par prieres.

Qu'elle différence y a-t-il donc entre un financier,

un tréforier , un receveur des deniers publics qui fait banqueroute & cet homme affaffin ; celui-là , vous fafcine les yeux par le fafte de fa repréfentation , & attire par là votre argent dans fes coffres. Ce fafte eft un talifman qui a dans le commerce autant de force , pour ainfi dire , que les menaces de celui-ci, en ont fur un grand chemin. On peut fe mettre en garde contre l'un , parce que l'on fait qu'il y a à craindre des voleurs fur une route , & on ne peut guere fe méfier d'un homme qui eft dans un état d'opulence , & à qui le prince a conféré un titre facré ; enfin , le premier jouiffoit d'une fortune confidérable , & a commis des vols de plufieurs millions, fuite d'une ambition démefurée & d'un amour déréglé pour les plaifirs ; tandis que le dernier n'a volé que très-peu de chofes, & qu'il n'y a été porté que parce qu'il avoit effuyé toutes les rigueurs de l'infortune, que fa famille étoit dans la plus grande difette & manquoit de la premiere fubfiftance ; enfin la feule différence qu'on peut y voir, c'eft que le voleur de grand chemin expire fous la main d'un bourreau , que fon fang coule aux yeux du peuple, tandis que le financier banqueroutier vit dans les excès de la joie ou meurt de plaifir.

Des tréforiers ou receveurs des finances du roi font banqueroute ; comment & pourquoi ? c'eft qu'étant dépofitaires des deniers qu'ils doivent verfer dans la caiffe royale, auffi-tôt qu'ils les ont reçus, ils les con-

fervent pour les faire fructifier, ou en me fervant de
de leurs expreffions pour les *faire travailler* : tantôt ils
arment des vaiffeaux ; tantôt ils établiffent des manufactures , ou font d'autres entreprifes confidérables , &
après avoir épuifé l'argent du roi, ils empruntent aux
particuliers pour en fournir à Sa Majefté, quand fes
befoins l'exigent ; enfuite les vaiffeaux font naufrage ;
les manufactures échouent ; les entreprifes manquent ;
l'échéance des paiemens arrivent, & les uns fe brûlent
le peu de cervelle qu'ils ont, & les autres prennent la
fuite.

Il y a cent treize notaires à Paris. Suppofons que
tous faffent travailler l'argent qu'ils ont en dépôt, puifque tous les particuliers qui leur ont confié cet argent
arrivent chez eux au même inftant pour l'en retirer ;
alors de cent treize notaires, il n'en reftera pas cinquante à Paris : eh bien ! il en eft de même de la plupart des financiers.

Le banquier républicain qui a eu pendant quelques
années la direction des finances de la France y a fait
des réformes , qui, fuivant la renommée ont produit
au moins trente millions par an de bénéfice au roi. Il
en réfulte que , fi depuis des fiecles , ces trente millions
n'euffent pas été perdus pour le fifc , fon revenu auroit
été augmenté chaque année de quinze cents mille livres
qui auroient au moins fervis à nourrir une multitude de
pauvres : or , la mifere n'auroit pas tant fait de progrès,

elle ne feroit pas venue à fon comble ; il n'y auroit pas eu un fi grand nombre de crimes commis. Tant il eft vrai que les erreurs publiques coûtent fouvent bien cher aux nations.

Des banqueroutes par rapport au peuple.

Dans un état gouverné par les loix d'une fage politique, chaque homme reçoit un échange des fervices qu'il rend à la fociété : s'il l'éclaira par fon génie, la gloire eft fa récompenfe : s'il veille au maintien de l'ordre public, il a des droits à la confiance & aux refpects de fes concitoyens ; s'il l'enrichit par fes talens, l'aifance, & des diftinctions flâteufes, font le prix de fes heureux efforts : s'il la fert par fon travail, il doit trouver dans les dépofitaires de l'autorité des protecteurs de fon induftrie, & des garans de fa tranquillité ; c'eft ainfi qu'une légiflation éclairée qui n'eft autre chofe que l'art de conduire les hommes au *maximum* du bonheur, ou au *minimum* du malheur, fait concourir tous les membres à l'utilité du corps, en confondant les intérêts particuliers avec l'intérêt public.

Perfonne n'a plus le droit de demander l'exécution de cet engagement réciproque, que le citoyen, qui dans l'ordre focial occupe un des derniers rangs. Perdu dans la foule, fans autre appui que fa foibleffe, fans autre

protection que celle des loix, sans autre moyen de ré-
clamation que la piété qu'il inspire ; ses ressources,
son état, sa vie même dépendent de la probité du
gouvernement. Un plan d'administration dans lequel
son bonheur ne seroit pas compris, offriroit tous les
inconvéniens du despotisme ; cet infortuné pressé par
ses devoirs, ses besoins, & sa dépendance se verroit
abandonné aux hasards des accidens, sans espérer d'in-
téresser à son sort, la patrie qui lui deviendroit étrangere, ni ses représentans dont il seroit ignoré.

Telle sera cependant l'existence d'un grand nombre
de nos concitoyens, si le gouvernement ne s'intéresse
plus particuliérement à leur sort. Quoique l'orgeuilleuse
opulence les méprise, le philosophe qui estime chaque
individu, en raison des valeurs réelles, sait apprécier
leur laborieuse industrie: il voit tous les rapports qu'elle
a nécessairement avec nos besoins & nos plaisirs, & croit
devoir de la reconnoissance à des hommes qui ne
demandent pour récompense de leurs services, pour
dédommagement de leurs privations, que la faculté
d'être utiles.

Dans un pays où les impôts sont aussi mal assis,
aussi mal répartis que perçus ; où en un mot, c'est la
partie la plus pauvre qui en paie le plus, au moins
doit-elle recevoir des secours du gouvernement, sur-
tout quand ils ne lui coûtent rien.

Or il est certain que le peuple souffre considérable-

ïnent de toutes les banqueroutes qui éclatent de tou*s*
côtés. En effet, qu'un commerçant *manque* , tous fes
commis, fes domeftiques, à qui il eft dû fouvent plufieurs années d'appointemens & de gages, fe trouvent
réduits à rien. Le tort qu'il fait à fes correfpondans ,
les forcent auffi de *manquer*. S'il a des fabriques , une
foule d'ouvriers font fruftrés de leur falaire, & n'ont
plus de pain. En voici un exemple bien fenfible. Un
négociant d'une grande ville fit , il y a quelques années,
une faillite de dix - huit cent mille livres, il étoit à la
tête de plufieurs manufactures : quinze cent ouvriers
fe font trouvés denués de tout , & ils auroient déferté
le pays , fi les officiers municipaux infpirés par de
vrais fentimens de patriotifme n'euffent pris le parti
de fupplier le roi de leur permettre de faire un emprunt de foixante mille livres pour le foutien de ces
manufactures & le foulagement de ces ouvriers. Mais
ce qu'ont fait ces vertueux citoyens , ces fages tuteurs
d'une ville célebre par fon commerce & par les grands
hommes dans tous les genres qu'elle a produits, n'eft
malheureufement pas imité dans d'autres villes dévaf-
tées par de tels défaftres (*a*) , & ce qui, hélas ! n'eft pas

____

(*a*) Un Anglois, qui voyage en obfervateur & en philofophe ,
me difoit derniérement qu'il avoit trouvé en Picardie , une
famille entiere d'ouvriers en toile , que leur mifere obligea
d'avoir recours à fa générofité ; ce font, ajouta-t-il, vos erreurs
qui nous enrichiffent , nos manufactures font remplies d'ouvriers que vous avez négligés.

encore imité, c'eft la probité, la générofité, avec lefquels la famille de ce négociant infortuné, famille qui
a toujours profpéré par fes vertus, & dont un des refpectables membres eft aujourd'hui maire de cette ville
capitale a acquitté tout à la fois la dette de l'honneur
& la dette de la nature.

Si nous portons nos regards fur les campagnes,
nous y verrons une foule d'artifans occupés à conftruire ces fomptueux édifices, ces châteaux fuperbes
qui annoncent l'orgeuil de ceux à qui ils appartiennent,
obligés d'abandonner leurs travaux & d'en perdre tout
le fruit. Nous verrons de malheureux manœuvres,
de miférables journaliers employés continuellement
à tourmenter la nature, à frayer des chemins, percer
des allées, deffiner des compartimens, donner de la
grace à un arbre, élancer des eaux, en un mot, embellir ces parcs immenfes qui abforbent prefqu'en
pure perte une partie du meilleur fol de la France.
Nous le verrons, dis-je, forcé de quitter ces lieux,
de perdre le prix de leurs fueurs, fans être fûrs de
pouvoir trouver ailleurs, & de l'ouvrage & des alimens.

D'après cela, s'il eft quelqu'un qui doute encore
des maux que les banqueroutes font au peuple, je lui
dirai d'écouter la voix, les cris de ce peuple : par-tout,
il l'entendra fe plaindre de l'exceffive cherté des chofes les plus néceffaires à la vie. Pourquoi ? parce que
les banqueroutes faifant perdre au commerce la con-

fiance publique , la plupart des capitaliftes achetent des terres. Leur argent leur produit moins , mais ils aiment mieux faire de plein gré de petits facrifices, que de s'expofer à fe voir forcés d'en faire de grands, en voulant gagner davantage. Or la plus grande partie du numéraire de la nation fe tournant vers le commerce foncier de la glébe, il en réfulte néceffairement un furhauffement fenfible dans les denrées , & les denrées renchériffant, tout renchérit à proportion , parce qu'il eft conftant qu'elles donnent le ton au prix de toutes les marchandifes, & quelles en font pour ainfi dire le thermomètre.

Que feroit-ce donc , fi je parlois des autres claffes de citoyens ! je ferai revivre la mémoire de ces anciennes & illuftres maifons dont les noms avoient furnagé fur l'immenfités des fiecles , mais qui , ayant ainfi perdu dans un jour l'héritage de leurs ancêtres , font tombées dans l'abime de l'oubli , parce que malheureufement les grands noms ne brillent que par l'éclat de grandes richeffes , femblables à ces antiques & précieux monumens de la peinture qui n'ont de valeur aux yeux du ftupide vulgaire , qu'autant qu'ils font enrichis d'un fuperbe quadre.

Je repréfenterois un vénérable pere de famille, à qui la fortune avoit donné un bien au-deffus de la médiocrité, dont il avoit toujours fait un noble ufage, qu'il avoit fur-tout employé à faire à fes enfans le plus

beau de tous les dons , celui d'une bonne éducation ,
& qui , au moment, où il penfe à les établir , apprend
qu'un dépofitaire infidele vient d'emporter la plus
grande partie de ce bien. Mais pourrois-je peindre la
douleur dont il eft accablé, le paffage foudain qu'il
va faire d'une honnête aifance à une vie remplie de
privations ! La défefpérante fituation de fa femme &
encore plus celle de fes enfans qui n'ont aucun état
& ne peuvent plus en avoir, & qui, pour me fervir
des expreffions d'un illuftre prélat, ne font pas même
affez riches pour faire vœu de pauvreté (a), c'eft ici
fur-tout que je regrette de ne pouvoir faifir tous les
traits de la plus vive éloquence. Je montrerois ces in-
fortunees victimes à leur patrie, j'attirerois ces tendres
regards fur elles, & je lui dirois : ô patrie, ces enfans
pouvoient travailler à ton foutien, ta gloire & ton
bonheur, ils auroient eu à leur tour des enfans qui
l'auroient fervi comme eux. Mais c'en eft fait, ils font
frappés par le malheur, le chagrin a flétri leur cœur,
a énervé leur ame, & étouffé les germes qui étoient
prêts à s'y développer, il a affoibli leurs organes, attaqué le principe de leur exiftence ; enfin ils font con-

---

(a) M. Fléchier voulant exciter fon auditoire à faire une
dote à une pauvre fille qui vouloit être religieufe, dit : nous
recommandons à votre charité une fille qui n'eft pas affez riche
pour faire vœu de pauvreté.

fumés

fumés de langueurs, & ils meurent fans pour ainfi dire avoir vécu.

O mes concitoyens, mes amis, dont les travaux enrichiffent l'état, & dont le fang coule fouvent pour la défenfe de la patrie : vous qui portez le refpectable nom de peuple que l'orgeuil prétend en vain dégrader, confolez-vous de vos maux, ils ne font pas encore fans remede. Livrez-vous à une fage efpérance, qu'elle ranime votre induftrie, qu'elle exerce vos talens, & qu'elle augmente vos reffources, n'enviez plus à vos ancêtres le bonheur qu'ils eurent d'être gouvernés par un prince dont la mémoire fera toujours chere à la nation, vous avez comme eux un roi citoyen.

Des banqueroutes par rapport à l'état.

Tout état qui eft furchargé de dettes, qui eft en proie aux fureurs de la guerre & dont le commerce & les finances ont perdu la confiance du peuple, eft fur le penchant de fa ruine ; il ne peut l'éviter que par de grands efforts, de violentes fecouffes, par ce, qu'on appelle des coups de parti, des coups d'état, & comme dans l'ordre phyfique, ces phénomenes effrayans qui paroiffent bouleverfer la nature, font néceffaires pour renouveller les germes de fes productions & préparer fa fécondité ; de même il faut dans l'ordre politique de grandes révolutions pour ranimer les forces d'un état.

Si la France étoit jamais dans cette accablante position, si elle étoit obérée & qu'une guerre augmentât encore ses dettes, le peu de confiance qui régneroit dans ses finances & son commerce, pourroit la réduire à se voir privée des secours dont elle auroit besoin ; car on sait que dans des tems de calamités, l'état ne pouvant forcer la mesure des impôts , a recours à des compagnies de financiers, ou aux corps de marchands, ou aux communautés d'arts & métiers & que ceux-ci sont souvent obligés d'emprunter au public pour pouvoir ensuite prêter à l'état.

On dira que les engagemens d'un corps sont des engagemens sacrés auxquels on ne doit pas craindre qu'il manque. Mais qui peut assurer que si l'on a peu de confiance dans chaque membre séparé de ce corps, on en aura davantage lorsqu'ils seront réunis ? eh , peut-on répondre de la force d'une chaine, si les chaînons qui la composent sont foibles. Qui sait si des nations étrangeres ouvroient des emprunts à un taux d'intérêt supérieur ou même égal à celui de la France, bien des particuliers d'entre nous ne préféreroient pas d'y placer ? Car enfin depuis que les papiers sont des signes représentatifs de l'argent , la force ne peut opposer aucune barriere au virement d'une partie du numéraire d'une nation chez une autre nation, (*a*) une fage politique peut donc parer ces dangereux événemens.

Mais ce ne font pas là les feuls maux que les banqueroutes peuvent caufer à un état. Premiérement , un banqueroutier frauduleux qui veut fe fouftraire aux pourfuites de ces créanciers eft obligé de fe retirer dans des contrées étrangeres , & il y emporte des fommes confidérables qui fe trouvent perdues pour fon pays. En fecond lieu, le ridicule préjugé national qui fait rejaillir le déshonneur fur fa famille, la force fouvent de s'expatrier auffi. Ainfi la patrie fait une doub'e perte ; ainfi la population (*b*) & le numéraire de la nation diminuent tous deux à la fois. Enfin les banqueroutes en appauvriffant le peuple, appauvriffent l'état , & où l'état n'eft pas riche, le peuple eft toujours malheureux, où le peuple n'eft pas heureux, le prince ne peut l'être ; car comme on l'a fouvent dit aux rois, Leur bonheur confifte dans celui de leurs fujets. Ainfi le

---

(*a*) Je n'ignore pas que l'intérêt de l'argent chez les nations qui nous avoifinent eft beaucoup au-deffous du nôtre , mais des révolutions , des raifons de politique peuvent le faire hauffer , & quand on a vû l'Angleterre en moins d'un fiecle diminuer l'intérêt de fon argent, depuis dix jufqu'à trois pour cent , on peut croire que dans le même efpace de tems , la révolution contraire pourra arriver.

(*b*) La diminution de la population eft un des plus grands malheurs qui puiffe arriver au peuple , parce que plus elle décroît, plus le fardeau des impôts s'étend & s'appéfantit fur lui.

diſoit ce grand roi de l'Aſie , Lyſimaque , " je ſuis le
roi d'un peuple qui m'aime. Les peres de famille eſ-
perent la longueur de ma vie , comme celle de leurs
enfans : les enfans craignent de me perdre , comme ils
craignent de perdre leur pere. Mes ſujets ſont heureux
& je le ſuis ".

Luxe , cauſe des banqueroutes.

On a ſouvent raiſonné ſur le ſyſtême économique
de la France : l'induſtrie doit-elle être préférée à l'agriculture , ou ce royaume trouve-t-il plus de reſſources
dans ſes manufactures que dans ſes productions ?

L'expérience pourroit ſeule réſoudre ce probléme ;
mais dans l'ordre politique , elle agit avec trop de lenteur pour que ſes opérations ſoient le réſultat d'une
ſeule adminiſtration , & quand il eſt queſtion du bonheur
d'un peuple entier , il eſt trop dangereux de faire l'eſſai
d'un projet excluſif , & de ſuppléer les faits par des
ſpéculations incertaines.

Une nation doit être agricole , ſi elle habite un pays
dont la température favoriſe la population , que ſa fertilité enrichit des productions de preſque tous les cli-
mats , qui eſt aſſez borné pour jouir des facilités de
l'importation , aſſez étendu pour trouver dans le ſuperflu
du produit de la culture , les avantages d'un commerce
floriſſant.

Lorſque ce pays ſur-tout a de vaſtes rivieres, des canaux navigables, des chemins commodes qui entretiennent une correſpondance continuelle entre ſes principales villes, & qui enrichiſſent ſes provinces par la circulation réciproque de leurs denrées ; lorſqu'il poſſéde des ports avantageux, des havres ſûrs & tous les moyens faciles d'exporter l'excédent de ſa conſommation ; lorſqu'enfin il eſt environné de voiſins que leur diſette oblige d'avoir recours à ſon abondance, il eſt heureux & floriſſant, tant qu'il regarde l'agriculture comme le fondement de ſa gloire & de ſa proſpérité.

Mais ſi la nation qui peuple ce pays a renoncé à ſa ſimplicité native ; ſi la partie la plus riche & la plus éclairée qui gouverne l'autre par l'exemple & par l'autorité a perdu le goût des mœurs antiques ; ſi elle regarde les jouiſſances du luxe comme des beſoins réels ; des richeſſes de convention, comme l'attribut de la grandeur ; l'appareil de la repréſentation, comme le premier privilege du rang & de l'opulence ; ſi ces préjugés ont même ſéduit le dernier ordre des citoyens ; ſi enfin ils ſont devenus tellement inhérens au caractere national que les plus ſéveres loix ne pourroient les détruire ; comme les beſoins factices & les goûts n'ont point de bornes, ce peuple dépendra bientôt de ſes voiſins, & il épuiſera ſes reſſources, s'il ne les augmente par ſon induſtrie.

L'adminiſtration la plus ſage ſera donc celle qui enrichira l'agriculture des produits du commerce, & fera partager au commerce les biens de l'agriculture, qui accordera une protection fpéciale à cet ordre de négocians dont la profeffion a des rapports immédiats avec celle des cultivateurs. Or, ces hommes vraiment utiles font les fabriquans dont le travail s'exerce fur les productions nationales. En tirant de leur pays les matieres premieres, ils en affurent le débit, & leur main-d'œuvre fixe chez eux les richeffes qu'y enleveroit une manipulation étrangere. Toutes les reffources que leur procureroit leur travail, réunies aux gains du commerce, toutes les loix qui favoriferont leurs entreprifes & qui donneront de la confiftance à leurs établiffemens, reflueront fur l'agriculture (*a*).

Le luxe eft la fource des banqueroutes. Mais fans

(*a*) Certaines gens prétendent que le luxe eft utile dans un état ; il faut favoir ce qu'on entend par *luxe*. Si l'on veut dire, qu'il eft utile que ceux qui poffedent les efpeces les faffent circuler, au lieu de les garder dans leurs coffres, cela eft vrai ; mais fi l'on entend qu'il eft à propos que les grands faffent des dépenfes qui excédent de moitié leurs revenus ; que le peuple imite les grands, & que toutes les conditions s'oberent, c'eft un principe faux & ruineux pour un état. Le luxe en travaux utiles, en améliorations de fonds eft un luxe avantageux : celui qui introduit les prohibitions & les marchandifes étrangeres eft néceffairement onereux. Le moyen d'enrichir l'état, c'eft de fournir beaucoup à l'étranger, & d'en tirer peu, c'eft de lui fournir de l'induftrie pour tirer de lui de la fubfiftance. (Manufcrit du duc de Bourgogne.)

lui que deviennent toutes nos fabriques, toutes nos manufactures, tous nos atteliers ? Or, de deux chofes l'une, ou il faut détruire le luxe, & par-là anéantir les manufactures, ou il faut conferver le luxe, & établir des loix qui préfervent le commerce de la fréquence des banqueroutes.

Mais pour détruire le luxe, il faudroit qu'il n'eût pas tant fait des progrès, qu'il n'eût pas jeté de fi profondes racines. En vain tous nos raifonneurs, nos fermoneurs déclameront - ils contre lui; en vain nous peindront-ils avec les couleurs les plus noires fes funeftes effets; en vain nous mettront - ils devant les yeux les exemples les plus touchans (*a*); en vain évoquera t-on de leurs tombeaux les ombres des plus illuftres Romains pour nous dire, que tant que Rome eut des mœurs, & quelle ne connut point le luxe, Rome fut heureufe & floriffante (*b*); & je demande quels effets ont pro-

---

(*a*) Je vois fouvent qu'on nous propofe des images de vie, lefquelles ni le propofant, ni les auditeurs n'ont aucune efpece de fuivre, ni qui plus eft, envie; de ce même papier où il vient d'écrire l'arrêt de condamnation contre un adultere; le juge en dérobe un lopin pour faire un poulet à la femme de fon compagnon. (Montaigne.)

(*b*) L'hiftoire nous apprend que le luxe a été dans tous les tems une des caufes qui a le plus contribué à la décadence & à la ruine des états même les plus puiffans. Suétone rapporte que Jules Céfar n'entreprit de fe rendre maître de la liberté de fa patrie, que parce qu'il ne favoit comment payer fes dettes contractées par une exceffive prodigalité, ni comment fouten-

duit tous ces ouvrages immortels où l'efprit eft éclairé par des penfées fublimes, & où l'ame fe nourrit d'excel-lens préceptes ? En les lifant, on s'eft écrié, ah ! que c'eft bien dit : oh ! comme s'eft écrit ! voici une expreffion charmante, une idée délicieufe ! Enfin le livre a été oublié auffi-tôt que refermé. Ainfi après un beau fermon, vous entendez des gens répéter tout haut, ah ! qu'il a bien prêché ! Demandez-leur ce que le prédicateur a dit ? Ils ne s'en fouviennent déjà plus.

Mais, me dira-t-on, fi tous les moyens dont vous parlez, ne peuvent arrêter le luxe, il en eft un autre qui doit être plus puiffant ; c'eft l'exemple du prince, parce que dans les empires tout porte l'empreinte du caractere des rois (*a*). La cour fe conforme aux actions du fouverain, & le particulier à celles de la cour. Je réponds qu'à la vérité, les actions du fouverain peuvent influer fur celles des fujets, mais non pas dans un

---

les dépenfes énormes qu'il faifoit. Bien des gens n'entrerent dans fon parti, que parce qu'ils n'avoient plus de quoi fournir au luxe, dans lequel ils étoient engagés, & qu'ils efpéroient gagner dans la guerre civile de quoi foutenir leur premier fafte. (*Sall. ad Cæfar. de rep. ordinand.*)

(*a*) *Regis ad exemplum totus componitur orbis.* (Horat.)

Hæc conditio fuperiorum eft, ut quidquid faciunt præcipere videantur & perniciofiffimus eft male, rei maximus quifque autor. (Quintil.)

Vita principis cenfura eft, eaque perpetua ad hanc dirigimur, ad hanc convertimur ! nec tam imperio nobis opus eft quam exemplo. (Plin. traj. panegyr.)

fiecle où une philofophie féduĉtrice a égaré les efprits, dans un fiecle, pour tout dire, où la vertu eft prefque un crime, & le vice, un devoir.

Et d'ailleurs le prince, qui nous gouverne, ne nous montre-t-il pas qu'il a reçu du ciel toutes les qualités qui font les bons rois ? & l'augufte princeffe qui partage avec lui la royauté, ne nous offre-t-elle pas le fpeĉtacle majeftueux de la grandeur temperée par les graces, & des graces encore embellies par la bienfaifance ?

On ne manquera pas de m'objeĉter que fi l'on créoit des loix fomptuaires, ou que fi l'on mettoit de forts impôts fur les objets de frivolité, on arrêteroit le luxe. Je réponds qu'il ne faut que confulter l'expérience pour reconnoître les mauvais effets de pareilles loix ; qu'elles cauferoient le plus grand défordre & le plus grand bouleverfement dans l'état, & qu'il eft trop facile de les éluder. " Toutes les loix fomptuaires, a dit un grand homme, ne prouvent rien autre chofe, finon que le gouvernement n'avoit pas de grandes vues & qu'il parut plus aifé aux miniftres de profcrire l'induftrie que de l'encourager. „

A l'égard des impôts fur les objets de luxe : ce raifonnement eft vicieux, c'eft un parollogifme en politique. Eh ! fi l'on y faifoit bien attention, on verroit que c'eft-là précifément, ce qui a accru & accroît tous les jours le luxe. Car il eft conftant que très-fouvent la cherté des chofes en fait tout le mérite. Or , les impôts fur les objets de luxe ne ferviroient qu'à les faire payer plus cher , & non pas à détruire le luxe.

La conclufion de tout ceci eft , que c'eft dans le fein du luxe que naiffent les banqueroutes , qu'on ne peut extirper le luxe , que par conféquent les banqueroutes exifteront toujours ; mais que l'on pourra en arrêter la fréquence par de bonnes loix.

Loix principales fur les banqueroutes.

AVANT que de faire aucunes réflexions fur les loix relatives aux banqueroutes , nous croyons de voir les rapporter nuement pour pouvoir davantage fixer l'attention & l'intelligence des lecteurs.

Ordonnance d'Orléans. Art. 143.

" Tous banqueroutiers qui feront faillite , faillite en fraude, feront punis extraordinairement & capitalement „.

Ordonnance de Blois. Art. 205.

" Voulons que les ordonnances faites contre les banqueroutiers , & ceux qui doleufement & fraudulenfement font faillite ou ceffion de biens, foient gardées , & que telles tromperies publiques foient extraordinairement & exemplairement punies „.

Henri IV. Paris. Edit du mois de mai 1607, regiſtré le 4 juin ſuivant.

« Deſirant pourvoir aux déſordres & crimes plus fréquens que la corruption des mœurs procédant de la licence des troubles paſſés & introduites ; & remettre en celui , notre royaume , la juſtice en ſon autorité & ancienne ſplendeur , afin que ſous elle nos ſujets ſoient conſervés & maintenus en leur devoir : nous avons conſidéré que l'une des choſes , à laquelle nous avons promptement à rémédier , c'eſt l'abus & tromperie évidente qui ſe commet ſous le nom & prétexte de banqueroute au préjudice des pauvres veuves , orphelins & autres nos bons ſujets ; par le moyen duquel crime qui ſe rend fréquent & comme ordinaire , faute d'être puni comme il le mérite , la foi publique & confiance entre nos ſujets eſt grandement diminuée , & le trafic & commerce quaſi du tout ôté , & d'autant que les anciens rois nos prédéceſſeurs auroient ordonné peu de peines contre les banqueroutiers , parce que durant leurs regnes , l'infidélité & corruption des mœurs ne s'étoit point encore ſi avant gliſſé ès cœurs de leurs ſujets : le roi François Ier., notre très-honoré , ſieur & grand-oncle ſur les avis qui lui furent donnés en la ville de Lyon , ordonna en l'an 1536 (*a*) , qu'il ſeroit extraordinaire-

____

(*a*) Déclaration du 10 octobre 1536. Art. 3.

ment procédé contre les banqueroutiers faifant doleufement faillite , leurs facteurs & entremetteurs , par informations , confrontations de témoins & autres voies
extraordinaires ; & la fraude découverte , les coupables
punis corporellement par condamnation d'amendes hono-
rables & profitables aux parties intéreffées , application
au carcan & pilori & autrement , comme il feroit arbitré par juftice , & à tenir prifon fermée jufqu'à pleine
& entiere fatisfaction. Et le roi Charles IX , auffi notre
très honoré fieur & frere , fur les plaintes qui lui furent
faites en l'affemblée des états tenus à Orléans (*a*) ,
que ledit crime de banqueroute fe rendoit trop fréquent , ordonna que ceux qui feroient faillite en fraude ,
feroient punis extraordinairement & capitalement. Lefquelles ordonnances , le feu roi dernier décédé auroit
confirmées par fon édit de Blois de l'an 1579 (*b*) , &
déclaré fon intention , être que ceux , qui doleufement
feroient faillite ou ceffion de biens , fuffent punis &
châtiés exemplairement , fans ftatuer d'autres peines
plus particulieres contre les délinquans ; ce qui a rendu
ledit crime fi familier , que plufieurs de nos fujets en
ont fouffert , & fouffrent journellement de grandes pertes. Voulant faire ceffer les plaintes qui nous ont été
faites , après mûre délibération , nous avons jugé nécef-

____

(*a*) Ordonnance d'Orléans. Art. 143.
(*b*) Ordonnance de Blois. Art. 205.

faire de renouveller & augmenter lesdites peines contre les banqueroutiers & ceſſionnaires faiſant faillite en
fraude : Pour ces causes , ſtatuons & ordonnons,
voulons & nous plait, que conformément à l'ordonnance de notre ſieur & frere ſur les plaintes des etats
tenus à Orléans , il ſoit extraordinairement procédé
contre les banqueroutiers & débiteurs , faiſant faillite
& ceſſion de biens en fraude de leurs créanciers , leurs
commis, faĉteurs & entremetteurs, de quelque état,
qualité, & condition qu'ils ſoient , & la fraude étant
prouvée , ils ſoient exemplairement punis de peine de
mort , comme voleurs & affronteurs publics , & néanmoins, parce que le plus ſouvent les banqueroutiers
font faillite en intention d'enrichir leurs enfans & héritiers , & pour couvrir plus aiſément leurs deſſeins mali-
cieux, font tranſports & ceſſion de leurs biens à leurſ-
dits enfans , héritiers ou autres leurs amis , afin de leur
conferver : nous avons par même moyen déclaré , & déclarons tels tranſports, ceſſions , venditions , & donations de biens , meubles ou immeubles faits en fraude
des créanciers direĉtement ou indireĉtement , nuls &
de nul effet & valeur, faiſant défenſes à tous nos juges
d'y avoir égard : au contraire , s'il leur appert que leſdits
tranſports, ceſſions , donations, & ventes ſoient faites &
achetés en fraude deſdits créanciers : voulons les ceſſionnaires, donataires, & acquéreurs, être punis comme
complices deſdites fraudes & banqueroutes : voulons

auffi & nous plaît, que ceux qui fe diront contre vérité créanciers defdits banqueroutiers, comme il advient
fouvent par monopole & intelligence, afin d'induire
les vrais créanciers à compofition & accord, foient auffi
exemplairement punis comme complices defdites fautes
& banqueroutes, faifant très - expreffes inhibitions &
défenfes à toutes perfonnes de retirer lefdits banqueroutiers, leurs cautions, facteurs ou commis, biens,
meubles & papiers, ni leur donner aucun confort ni
affiftance en aucune forte de maniere qui puiffe être,
à peine d'être punis comme complices, ainfi que dit,
eft: défendons auffi à ceux qui font véritablement créanciers, à peine d'être déclarés, déchus de leurs dettes &
actions, & autres plus grandes peines s'il y échet, de
faire aucuns accords, contrats ni atermoiemens auxdits
banqueroutiers & leurs entremetteurs, ains les pourfuivre par les voies de juftice fuivant notre intention :
permettons à un chacun de nos fujets, même fans dé-
cret, ni permiffions, d'arrêter les banqueroutiers fugitifs, & les repréfenter à juftice, nonobftant tous jugemens, arrêt, uf.ge & coutume à ce contraires, &c. ,,.

Ordonnance de 1629. Art. 144.

" Déclarons que ceux, lefquels par leur faute ou
débauche, ains par malheur ou inconvénient, feront
tombés en pauvreté & auront été contraints à cette caufe
de faire ceffion de biens, n'encourront pour cela in-

famie, ni aucune marque, finon la publication & affiche de leurs noms, & en fera fait mention par la fentence du juge, par laquelle ils feront reçus à ladite ceffion de biens ,,.

Ordonnance de 1673, titre 11.

A R T I C L E XII.

" Les banqueroutiers frauduleux feront pourfuivis extraordinairement & punis de mort ,,.

A R T I C L E XIII.

" Ceux qui auront aidé ou favorifé la banqueroute frauduleufe en divertiffant les effets, acceptant des tranfports, ventes ou donations fimulées, & qu'ils fauront être en fraude des créanciers, ou fe déclarant créanciers, ne l'étant pas, ou pour plus grande fomme que celle qui lui étoit due, feront condamnés en quinze cent livres d'amende, & au double de ce qu'ils auront diverti ou trop demandé au profit des créanciers ,,.

Louis XV. Déclaration du 11 janvier 1716, régiftrée le 6 février fuivant.

" Défendons à toutes perfonnes de prêter leurs noms pour aider ou favorifer les banqueroutes frauduleufes, en divertiffant les effets, acceptant des tranfports

ventes ou donations simulées, & qu'ils sauront être en
fraude des créanciers ; en se déclarant créanciers ne
l'étant pas, ou pour plus grande somme que celle qu'
leur est due, ou en quelque sorte & maniere que ce
puisse être : Voulons qu'aucun particulier ne se puisse dire
& prétendre créancier, & en cette qualité assister aux
assemblées, former opposition aux scellés & inventaires,
signer aucune délibération ni contrat d'atermoiement,
qu'après avoir affirmé dans l'étendue de la ville, prévôté & vicomté de Paris, ou son lieutenant, & par-
devant les juges & consuls dans les autres villes du
royaume où il y en a d'établis, que leurs créances
leur sont bien & légitimement dues-en entier, & qu'ils
ne prêtent leur nom directement ni indirectement au
débiteur commun, le tout sans frais : voulons aussi que
ceux desdits prétendus créanciers qui contreviendront
aux défenses portées par ces présentes, soient condamnés
aux galeres à perpétuité, ou à tems, suivant l'exigence
des cas, outre les peines pécuniaires contenues dans
l'ordonnance de 1673 ; & que les femmes soient outre
lesdites peines exprimées par ladite ordonnance, con-
damnées au bannissement.

Réflexions

Réflexions fur les loix concernant les banqueroutes.

ON vient de voir que les ordonnances d'Orléans &
de Blois concernant les banqueroutiers frauduleux, n'in-
fligent qu'une punition extraordinaire & exemplaire,
telles par exemple, que l'amende honorable, que la
punition corporelle, le carcan, le pilori ou autres, à
l'arbitrage des juges. Mais d'où vient cette modération
dans les peines ? C'eft qu'alors il étoit très-difficile
d'acquérir une preuve complete de la banqueroute frauduleufe ; les marchands & négocians n'étant point tenus
d'avoir des livres & regiftres fignés & paraphés, conte-
nant leur actif & leur paffif : auffi depuis que cette
difficulté a été levée aux termes de l'édit d'Henri IV
de 1664, & de l'ordonnance de 1673, les banqueroutiers frauduleux doivent être punis de mort.

Cette même peine de mort a été renouvellée depuis
par une déclaration de 1725.

Cependant l'application de ces loix eft encore très-
rare, quoique les banqueroutes ne le foient pas (a):

(a) Il n'y a actuellement pas plus de danger, a dit Horace,
en parlant de Rome, à faire banqueroute, que d'aller du
Mont-Efquilain, à la rue Suburra.

    Cedere namque foro non eft deterius quam,
    Efquilias à ferventi migrare Suburra.

Nous pouvons auffi dire qu'il n'y a pas plus de danger à

on pourroit croire que fi elle eut eu plus lieu, les banqueroutes feroient devenus moins fréquentes (a) ; mais au furplus, toutes les fois que les magiftrats s'efforceront de concilier les loix avec les droits de la nature & de l'humanité, leurs jugemens feront à jamais refpectables.

On a vu, par l'édit de Henri IV, par l'ordonnance de 1672, & la déclaration de 1716, les fauteurs & prête-noms des banqueroutiers, punis dans l'un, comme complices, dans l'autre, condamnés en quinze-cent livres d'amende, & au double de ce qu'ils auront diverti ou trop demandé, en dernier lieu, condamnés aux galeres à tems, ou à perpétuité.

La jurifprudence des arrêts a encore été moins févere que ces loix.

Enfin, on voit par l'ordonnance de 1629, que les banqueroutes qui n'arrivent point par la faute ou débauche, mais par malheur ou accident, & qu'on appelle

---

France, à faire banqueroute, que d'aller de la montagne Sainte-Genevieve à la place Maubert.

(a) Là, où les loix penchent le plus à l'indulgence, les citoyens font les plus méchans : il eft quelquefois néceffaire d'exagérer les peines, il faut faire des exemples qui intimident les méchans, lorfqu'on ne peut empécher le mal, que par des remedes violens.

Non numquam evenit ut aliquorum maleficiorum fupplicia exercebantur, quoties nimirum multis perfonnis graffantibus exemplo opus fit. Leg. 16. §. 10. ff. de pœnis.

plus proprement faillite , ne peuvent donner lieu à aucunes peines.

Cependant il eſt un genre de peine pour eux , car la priſon en eſt réellement une , ſinon infamante , au moins affligeante , humiliante , & ſuivant l'ordonnance de Moulins , ils ſont condamnés à la contrainte par corps.

Autrefois ceux qui avoient fait ceſſion en juſtice , étoient obligés d'avoir un bonnet ou chapeau verd , & s'ils étoient trouvés ſans cette coëffure , ils étoient déboutés du bénéfice de la ceſſion , & il étoit permis à leurs créanciers de les empriſonner , en leur fourniſ-ſant un bonnet tous les ans à leurs dépens (*a*). On ne s'eſt tenu enſuite qu'à ce que le ceſſionnaire portât ſur lui le bonnet ou chapeau verd , & qu'il le montrât à ſon créancier pour éviter la priſon. A préſent , il n'en eſt plus queſtion , auſſi il n'y a pas long-tems que c'étoit la mode de porter des chapeaux verds.

De la priſon à l'égard de ceux qui ſont en faillite.

UN banqueroutier non-frauduleux eſt criminel , ou il ne l'eſt pas : s'il eſt criminel , il doit recevoir la puni-tion due à ſon crime , s'il ne l'eſt pas , il doit jouir du

---

(*a*) Ainſi ordonné par arrêt du parlement du 26 juin 1582 , en forme de réglement.

droit de tout citoyen qui vit paisiblement à l'abri des loix, il doit jouir de la liberté ; or, un homme qui a essuyé des malheurs inévitables à toute la prudence humaine, est-il criminel ? non sans doute. Eh bien ! tel est le banqueroutier non-frauduleux. Cependant une main barbare le jete dans une prison, & quelle prison, grand dieu ! A en parler, on frémit d'horreur: en la voyant, on recule d'épouvante & d'effroi. Tout y est confondu, l'innocence avec le crime; le voleur avec le scélérat; le débiteur ; le contrebandier, avec le voleur. Là, regne une corruption contagieuse, & pour le corps & pour l'ame. Là, les imprécations , les juremens, les blasphêmes retentissent de toute part. Là, si l'on entre innocent, on sort criminel. Là, enfin , tous les maux à la fois, attaquent les ressorts de l'existence, & la mort exerce avec lenteur ses cruautés.

La contrainte par corps contre celui qui fait une faillite tend , dira-t-on, à assurer la propriété des biens, ainsi que les intérêts du commerce : & la prison sert à lui faire avouer les fripponneries dont il se sera rendu coupable. Quoi, la propriété est-elle plus sacrée que la liberté d'un citoyen infortuné, mais honnête ! Et d'ailleurs, cette propriété, vous l'attaquez vous-même en attaquant sa liberté: en effet, vous punissez cet infortuné de ce qu'il n'a pas pris la fuite, de ce qu'il n'a pas emporté une partie de votre bien, aussi est-ce votre cruauté qui cause une multitude de banqueroute frauduleufes. Vous l'attaquez , parce que vous mettez votre débiteur dans l'impoſſibilité de veiller à toutes les opérations de ſon commerce, à ſes recouvremens, à la ſûreté de vos créance, & que vous allumez dans ſes affaires le feu dévorant de la procédure. Vous l'attaquez encore, parce que les lenteurs des fo mes judiciaires retardent la rentrée des fonds d'un créancier, & que ſouvent ce retard le met à ſon tour dans le cas de manquer à ſes engagemens.

La priſon lui fera avouer ſes fripponneries. Eh ! tous les jours vous rappellez un débiteur qui s'eſt expatrié, & lorſque vous êtes convaincus qu'il a commis toutes ſortes de fraudes envers vous, vous conſentez à perdre les trois-quarts de vos créances, & vous lui laiſſez ſa liberté, tandis que vous en privez celui-ci, ſans ſavoir s'il eſt coupable. Quelle contradiction ! D'ailleurs, quand il ſeroit vrai qu'il auroit commis des fripponneries ; ne deviez-vous pas avant de l'incarcérer, apporter l'examen le plus ſérieux dans ſes affaires pour vous en aſſurer. Alors, vous euſſiez pu ſans crainte & ſans remords , uſer des droits que la loi vous donnoit. Mais s'il n'eſt pas coupable, vous le devenez vous-mêmes : vous avez enlevé un citoyen à la ſociété, un époux à une épouſe, un pere à des enfans ; vous avez plongé une famille dans le plus cruel déſeſpoir, & vous lui avez porté les coups de la mort. Ah ! ſi vous ne craignez la vengeance des hommes , craignez, craignez celle des dieux.

Je conviens que la loi qui ordonne la contrainte par corps eſt très-ſage & très-utile, parce qu'elle maintient l'ordre, qu'elle aſſure la propriété, & qu'elle empêche beaucoup de marchands de ſe livrer à des ſpéculations trop incertaines, de contracter des engagemens indiſcrets. Mais je penſe que lorſqu'un débiteur qui n'eſt que malheureux ſe met ſous l'égide des loix, qu'il préſente à la juſtice le tableau fidele de ſon bien & de ſes pertes, qu'il abandonne tout ce qui lui reſte à ſes créanciers, & qu'il offre de prouver qu'il n'en impoſe point ; je penſe, dis-je, qu'il a droit à l'indulgence à la clémence de ſes créanciers & à la protection des magiſtrats. C'eſt pourquoi, la loi qui le ſoumet à la contrainte par corps me paroît trop rigoureuſe par l'abus que l'on en fait, & je deſirerois, pour le bonheur de l'humanité & l'intérêt du commerce, qu'il y eut des magiſtrats chargés du ſoin d'examiner ſommairement les affaires de tous ceux qui feroient banqueroute ; qui les maintinſſent dans leur liberté, s'ils les trouvoient de bonne foi, & les envoyaſſent en priſon, s'ils reconnoiſſoient en eux de la fraude.

Quand on conſidere qu'un commiſſaire au Châtelet diſpoſe ſeul dans ſon cabinet de la liberté de la plupart des citoyens, ne doit-on pas être porté à croire qu'un ou pluſieurs magiſtrats en diſpoſeront au moins auſſi ſagement à l'égard des banqueroutiers.

Des loix que l'on pourroit établir relativement aux banqueroutiers frauduleux.

Sı la philofophie de nos jours n'avoit pas corrompu les cœurs, fi elle n'avoit pas troublé les efprits jufqu'au point de les porter à méprifer l'effence phyfique & l'effence morale : je dirois qu'il faut renouveller toute la févérité des ordonnances contre les banqueroutiers frauduleux, qu'il faut les punir de mort.

Mais que peut avoir d'effrayant la peine de mort dans un fiecle où l'on fe la donne volontairement foi-même, dans un tems où les fupplices & les tourmens meurtriers n'arrêtent pas même les plus noirs forfaits ; je ne crains pas de le dire, il faudroit un nouveau genre de peines pour un nouveau genre d'hommes : il faudroit que les loix changeaffent avec les fiecles : il faut, dit Ciceron, confidérer ce que les tems & les perfonnes exigent.

C'eft d'après ces confidérations que je vais propofer les moyens que je crois les plus propres pour empê-cher le grand nombre des banqueroutes.

Premiérement, il feroit néceffaire que les banque-routiers frauduleux fuffent pourfuivis à la requéte du miniftere public. L'effence de fon inftitution eft de pourfuivre la punition des crimes qui troublent l'ordre général de la fociété, aucuns n'échappent à fa vigilance

& à fa rigueur ; pourquoi celui de la banqueroute
feroit-il le feul qui n'y fût pas foumis ?

M'oppofera-t-on que cela occafionneroit des frais con-
fiderables pour le fifc ? foir. Mais je foutiens qu'un
mal devient un bien, quand il peut empêcher un plus
grand mal, & fi cette vérité n'eft pas reçu en morale,
du moins doit elle l'être en politique ; d'ailleurs, ne
pourroit on pas ftipuler par la loi, que le roi deviendroit créancier privilégié pour le rembourfement des
frais faits dans les procès fuivis à fa requête ? Le public applaudiroit fans doute à cette nouvelle législation, car il eft certain que fi la plupart des banqueroutiers frauduleux demeurent impunis, c'eft que les
créanciers ne font pas en état de faire les avances
néceffaires pour les pourfuivre, avances qui excedent,
ou les facultés des uns, ou les créances des autres.

Secondement, au lieu de punir de mort, peine qui,
comme nous l'avons fait voir, eft devenue prefque
chimérique, il voudroit mieux, ce me femble, établir
pour les banqueroutiers fraduleux une maifon de
force, où après avoir été au pilori, ils feroient renfermés toute leur vie, & nourris comme le font ordinairement les criminels, & occupés à différens ouvrages,
dont le produit, déduction faite des frais pour leur entretien & nourriture, ferviroit à payer à fur & à mefure leurs créanciers. Je conviens que ce produit ne
fera pas bien confidérable ; mais encore vaut-il mieux

les retenir ainfi, que de les laiffer impunément retourner à leur état, pour y répéter des banqueroutes.

Troifiémement, comme la nature des peines doit toujours être combinée avec la nature des délits, & que parmi les banqueroutiers frauduleux, il y en a de plus coupables que d'autres, tels que ceux qui prennent la fuite, le font plus que ceux qui ne quittent pas leur patrie ; je ferois d'avis que les fugitifs arrêtés, fuffent plus févérement punis que les autres.

Quatriémement, il feroit à propos que dans chaque ville les magiftrats de police fixaffent tous les ans, d'après les circonftances, le nombre des réceptions dans les maîtrifes, c'eft-à dire, qu'ils n'admiffent que le nombre qu'ils jugeroient convenable, fuivant la fituation du commerce, des arts & métiers ; par exemple, qu'ils en reçuffent moins dans un tems de guerre que dans un tems de paix, &c.

Cinquièmement, les négocians, marchands & artifans n'ont plus de regiftres cottés & paraphés par les juges confuls ou juges royaux : ceux qui font de mauvaife foi, & dont le deffein eft de faire banqueroute pour s'enrichir, modifient, ou font de nouveaux livres journaux, qui quadrent avec le plan qu'ils ont formé pour tromper leurs créanciers, & ils fe fouftraient, par ce moyen, à la rigueur des loix. On peut donc les aftreindre fous les peines les plus févéres à faire exactement cotter & parapher leurs livres & regiftres par les juges confuls ou juges royaux.

Sixiemement, enfin si tous ces moyens ne suffisent
pas, on peut par un édit :

I.

Créer dans toutes les villes de la France des charges
de commissaires inspecteurs du commerce, lesquelles
feront héréditaires, & dont les pourvus feront reçus
fans frais par les lieutenans généraux de police, fur les
fimples quitances de finance.

I I.

Ordonner que dans toutes lefdites villes & banlieues
des juftices royales y féantes, dans un mois pour tout
délai de la publication dudit édit, tous banquiers, manufacturiers, marchands, négocians, entrepreneurs,
fourniffeurs & artifans, généralement quelconques
légalement reçus maîtres, feront tenus d'avoir des
livres journaux qui contiendront leur négoce, fournitures, ouvrages, billets, lettres de change, dettes
actives & paffives, l'état des deniers employés à la
dépenfe de leur maifon, un regiftre des lettres qu'ils
écriront, & de tenir liaffe de celles qu'ils recevront,
comme auffi de faire cotter, parapher lefdits regiftres
par lefdits commiffaires infpecteurs qui ne pourront
exiger pour chaque livre que une livre quatre fols, d'in-
ferer tous les jours leurs opérations de commerce,
achat, vente, livraifon, entreprife, fournitures, façons,
debets, billets, lettres de change, arrêtés de mémoire
fans pouvoir laiffer aucun blanc.

I I I.

Ordonner que lefdits infpecteurs feront tenus de marquer en tête des livres le jour qu'ils les auront cottés & paraphés , & le nombre des pages ; comme aufli d'avoir un livre cotté & paraphé du lieutenant général de police du lieu , fur lequel ils feront mention egalement du jour qu'ils cotteront & parapheront chaque livre, & du nombre des pages , laquelle mention fera fignée de ceux à qui appartiendront les livres , afin qu'en cas de faillite , s'ils ne repréfentent pas tous leurs regiftres , leur procès foit fait & parfait, comme banque-routiers frauduleux.

I V.

Que ledit délais d'un mois expiré , lefdits commif-faires infpecteurs légalement reçus , feront & demeure-ront autorifés à faire vifite chez tous lefdits banquiers, manufacturiers, négocians , marchands, entrepreneurs , fourniffeurs & artifans reçus maîtres , & par-tout où befoin fera à fe faire affifter de cavaliers , gens du guet en nombre fuffifant , fans que lefdits cavaliers de ma-réchauffée & gens du guet , puiffent demander aucune rétribution , même à faire ouvrir les portes par le pre-mier ferrurier fur ce requis , pour en cas de contraven-tion ou de refus de repréfentation de livres , en être par eux dreffé procès - verbal qui fera figné de deux des cavaliers ou foldats du guet affiftans, rapporté , affirmé devant le lieutenant général de police du lieu,

ou fon repréfentant en cas d'abfence , dépofé au greffe ,
pour enfuite , fur les conclufions du procureur du roi ,
être les contrevenans , fans qu'il foit befoin d'affignation , condamnés dans le délais de trois jours , après
l'affirmation dudit rapport , en cent livres d'amende , &
outre ladite amende , en cas de récidive , à fermer boutique , ceffer tout commerce , ou tous ouvrages , comme
maitres , fauf l'appel aux cours de parlement , lequel
appel ne fera recevab'e un mois après la fignification
de la fentence : ordonner que ladite fentence fera ,
quant à l'amende , exécutée nonobftant l'appel , & qu'il
ne pourra même être accordée par les cours aucunes
défenfes.   V.

Que lefdits commiffaires , infpecteurs réiteront leurs
vifites autant qu'ils le jugeront à propos , que néanmoins il ne pourra être par eux exigé , foit qu'il y ait
plufieurs commiffaires ou qu'il n'y en ait qu'un dans le
lieu , par chaque négociant , banquier , manufacturier ,
marchand , entrepreneur , fournifeur & maitre reçu ,
qu'une livre quatre fo's pour droit de vifite tous les
fix mois.   V I.

Que fur les amendes qui feront prononcées au profit
du roi , il fera diftrait pour lefdits commiffaires infpecteurs fix livres pour chaque procès-verbal fur lequel fera
intervenue fentence qui aura prononcé une amende,
laquelle fomme ils feront tenus de reftituer en cas d'in-
firmation fur l'appel.

VII.

Que la signification des sentences sera faite à la requête des procureurs du roi.

VIII.

Commettre ou créer un inspecteur général qui, après avoir été reçu sur sa simple commission ou quittance de finance sans frais, par le lieutenant général de police de la ville de Paris, commis à cet effet, pourra visiter à son gré lesdits livres journaux dans toute la France, lors desquelles visites, il sera tenu de se faire accompagner d'un des commissaires inspecteurs, qui assisté, que dit est, article IV, verbalisera si besoin est, lequel inspecteur général ne pourra exiger de ceux qu'il aura le droit de visiter que 15 fois tous les trois ans, en cas encore qu'il fasse visite chez eux.

IX.

Attendu que dans beaucoup de petites villes, il y a une infinité d'artisans & marchands qui n'ont point levé de lettres de maitrise, conformément à l'édit de rétablissement, & qui pourroient prétendre n'être pas dans le cas desdites visites, autoriser lesdits commissaires inspecteurs assistés, que dit est article IV, à saisir lesdits marchands & artisans dans lesdites villes pour lesquelles il y a création de maitrises, pour, sur leur rapport signé de deux des assistans affirmé, déposé, & sur les conclusions du procureur du roi, les contre-venans être condamnés par le lieutenant de police dans les trois jours après l'affirmation du rapport, sans qu'il foit befoin d'affignation , en cinquante livres d'amende , fermer boutique , ceffer de travailler comme maîtres , fi mieux ils n'aiment fe pourvoir de lettres de maîtrife , & fe faire recevoir dans le mois de la fignification de la fentence du lieutenant général de police , à la requête du procureur du roi , auquel cas l'amende fera reftreinte à vingt-cinq livres ; fauf l'appel aux cours de parlement, qui ne pourra être relevé un mois après la datte de la fignification de la fentence , que ladite fentence fera exécutée par provifion , & qu'il ne pourra être accordé défenfes par les cours de parlement.

X.

Ordonner que les amendes , le coût de la fentence , la fignification d'icelle & les frais de contraintes , feront payés aux receveurs des amendes du lieu , qui fera tenu de faire diftraction au profit defdits commiffaires infpecteurs des fix livres , à eux accordés par l'art. VI , & dont il tirera quittance.

X I.

Que dans les villes où il y aura plufieurs commiffaires infpecteurs , il fera fait divifion des lieux foumis à leur infpection , & que de trois mois en trois mois , ils changeront de lieu pour leur exercice.

X I I.

Qu'il y aura un bureau commun dont les loyers & frais feront prélevés fur les deniers de la communauté.

X I I I.

Qu'il y aura bourfe commune pour toute la recette,

foit à raifon des droits réfultans des procès-verbaux ,
foit à raifon des droits pour cotter & parapher les livres ;
en conféquence , que toute la recette fera portée chaque
jour fur un livre journal , cotté & paraphé par le lieutenant général de police du lieu , qui fera tenu fuccef-
fivement par chaque pourvu , & reftera dépofé , ainfi
que les papiers de la communauté , dans un coffre ou
armoire placé à cet effet dans le bureau , dont la clef
fera remife , ainfi que celle du coffre ou fera l'argent , à
ceux qui feront nommés par une delibération en regle.
Ordonner qu'en cas d'oppofition fur l'un defdits pourvus , la portion à lui afférante reftera dans la caiffe , &
que les deniers communs feront partagés tous les premiers de chaque mois.

X I V.

Ordonner que dans les villes pour lefquelles il y aura
plufieurs charges créés , le premier pourvu & légalement reçu , jouira feul de tous les droits jufqu'à ce qu'il
y en ait d'autres qui foient pourvus & reçus.

La finance de toutes ces charges , au moyen des droits
qui y feront attachés, fera conféquente : le produit général formera un capital fufceptible de fixer l'attention
du gouvernement.

Oui , fi les moyens , fi les remedes que je viens d'indiquer étoient exactement mis en ufage. La propaga-
tion des banqueroutes s'arrêteroit , la bonne foi , la
confiance qui font l'ame & le foutien du commerce
renaîtroient : le commerce, les finances & l'état fe rele-

veroient de leur affaiſſement, & le peuple ſi reſpectueux dans ſes malheurs, & ſi reconnoiſſant dans ſa
proſpérité, ſe conſoleroit de ſes maux, en voyant que
l'on s'occupe d'y remédier.

Si les vérités que m'a inſpirées une philoſophie amie
de l'humanité, & que ma plume à fixées dans le cours
de cet ouvrage, parviennent à jamais juſqu'au trône :
elles toucheront, ſans doute, le cœur ſenſible du mo-
narque : elles le porteront à donner en ce moment à
ſes ſujets de nouvelles marques de ſa bienfaiſance, &
les fidels ſujets feront éclater de nouveau leur amour
pour lui (*a*).

Déjà la voix publique a voulu ajouter à ſon auguſte
nom un de ces titres glorieux dont elle décora ceux de
ſes plus illuſtres ancêtres : alors il faudra les raſſembler
tous & les mettre au pied de ſa ſtatue : il a mérité celui de
ſage, par le choix des dépoſitaires de ſa confiance qu'il
aſſocie à ſes importantes fonctions ; celui de juſte, en
s'étant déclaré le protecteur des loix ; celui de grand,
il ſe ſera occupé de la maniere la plus éclatante du
bonheur de ſon peuple, & la félicité publique eſt le ſeul
fondement de la grandeur des rois ; celui de bien aimé,
la reconnoiſſance l'a déjà gravé dans nos cœurs.

____

(*a*) O tems heureux où l'on n'obéit qu'aux loix, où l'on
peut penſer librement, & dire librement ce qu'on penſe, où
l'on voit tous les cœurs voler au-devant du prince, où ſa vue
ſeule eſt un bienfait. (Tacite.)

F I N.

TABLE
DES MATIERES.

B.

Fin de la Table.